## FACULTÉ DE DROIT DE PARIS

### DROIT ROMAIN

DES

# ACTES PROHIBÉS ENTRE ÉPOUX

## DONATIONS

### RESTITUTION ANTICIPÉE DE LA DOT

### DROIT FRANÇAIS

DES

# CONTRATS A TITRE ONÉREUX

## ENTRE ÉPOUX

## THÈSE POUR LE DOCTORAT

PAR

### Eugène DUTHOIT

PARIS

LIBRAIRIE NOUVELLE DE DROIT ET DE JURISPRUDENCE

ARTHUR ROUSSEAU, ÉDITEUR

14, RUE SOUFFLOT ET RUE TOULLIER, 13

1892

# THÈSE

# POUR LE DOCTORAT

# DROIT ROMAIN

## DES

# ACTES PROHIBÉS ENTRE ÉPOUX

## DONATIONS
### RESTITUTION ANTICIPÉE DE LA DOT

# DROIT FRANÇAIS

## DES

# CONTRATS A TITRE ONÉREUX

## ENTRE ÉPOUX

# THÈSE POUR LE DOCTORAT

L'ACTE PUBLIC SUR LES MATIÈRES CI-APRÈS
*Sera soutenu le Lundi 25 Avril 1892, à 2 heures 1/2*

PAR

## Eugène DUTHOIT

*Président :*  M. BUFNOIR.

*Suffragants :*  MM. LYON-CAEN, *professeur.*
Jobbé-Duval, *professeur-adjoint.*
Planiol, *agrégé.*

## PARIS
LIBRAIRIE NOUVELLE DE DROIT ET DE JURISPRUDENCE
ARTHUR ROUSSEAU, ÉDITEUR
14, RUE SOUFFLOT ET RUE TOULLIER, 13

1892

A LA MÉMOIRE CHÈRE ET VÉNÉRÉE DE MA MÈRE


A MON PÈRE


A MES GRANDS PARENTS


A MA FAMILLE


A MES MAITRES


A MES AMIS

DES

# ACTES PROHIBÉS ENTRE ÉPOUX

## INTRODUCTION

Tant que le mariage romain eut pour conséquence ordinaire une « *conventio in manum mariti* » les rapports juridiques entre mari et femme
sont faciles à déterminer. La femme *in manu*,
devenue « *loco filiæ* », perd en quelque sorte son
individualité propre ; son patrimoine se confond
avec celui du mari ; elle ne peut ni acquérir pour
elle-même, ni transmettre ; ses actes juridiques
profitent au mari, sans pouvoir lui nuire au moins
en principe. Aucune libéralité, aucun contrat à
titre onéreux entre les époux ne se conçoit sous
un pareil régime : on ne se donne pas à soi-même,
on ne contracte pas avec soi-même.

Jusqu'à une époque assez avancée, le mariage

sans *manus* fut à l'état d'exception (1). Comme en pareil cas, la femme restait sous la puissance de son père, il était d'usage que celui-ci remît une dot au mari, pour l'aider à supporter les charges de la vie commune. La femme *sui juris* fournissait elle-même une dot au mari.

L'absence de *manus* rendait possibles entre époux tous les actes de la vie juridique : la femme, pourvue d'un patrimoine propre, pouvait s'obliger envers le mari, lui faire des libéralités, lui transmettre entre vifs ou à cause de mort. La dot, devenue la propriété définitive du mari, ne devait pas être rendue à la femme au cas de dissolution du mariage.

La pratique du divorce vint modifier profondément cet état de choses. La *conventio in manum mariti*, qui rendait plus étroite, et probablement indissoluble l'union conjugale, tombe en désuétude. Par le fait même, la constitution de dot se généralise (2). Mais l'éventualité du divorce transforme les règles de la dot : il importe que la femme divorcée ne soit pas, faute de dot, dans

---

(1) Voir sur ce point : Esmein : Mélanges d'Histoire du Droit et de Critique. — La manus, la paternité et le divorce dans l'ancien droit romain, p. 5.

(2) Cf. Paul Gide : du caractère de la dot en droit romain ; dissertation insérée à la suite de l'Etude sur la condition privée de la femme, p. 499 et suiv.

l'impossibilité de contracter une nouvelle union. De là, l'usage de stipuler la restitution de la dot pour le cas de divorce (1), et bientôt la restitution obligatoire, même en l'absence de stipulation. Des mesures énergiques sont prises pour assurer la conservation de la dot : les immeubles dotaux sont rendus inaliénables, sans le consentement de la femme, et insusceptibles d'hypothèque, même avec le consentement de celle-ci. Toute restitution de la dot avant la dissolution du mariage est prohibée, par crainte des prodigalités de la femme.

En même temps qu'elle modifie le régime de la dot, la pratique du divorce provoque la réglementation des donations entre époux, jusque là parfaitement valables et soustraites même aux exigences du droit commun des donations. A partir du jour où le divorce entre dans les mœurs, il importe que le maintien du lien conjugal ne soit pas une spéculation et que la menace de divorce ne provoque pas des donations irréfléchies. La loi

---

(1) En ce qui concerne la dot profectice, c'est-à-dire constituée par le Pater de la femme, l'usage de stipuler la restitution en vue du divorce, ne peut expliquer, qu'à l'époque où la constitution de dot est devenue obligatoire pour le Pater. Jusque là, la restitution était sans intérêt pour la femme, puisque le père n'était pas forcé de la doter au cas de nouveau mariage. Il faut supposer que l'obligation de doter sa fille incombe au Pater, pour qu'une stipulation de restitution ait pour but d'augmenter au profit de la femme divorcée les chances d'une nouvelle union.

prohibe les donations entre époux pour sauvegarder le désintéressement du lien matrimonial.

C'est donc à la pratique du divorce qu'il faut rattacher historiquement les deux objets de notre étude : les donations entre époux et la restitution anticipée de la dot. Mais si ces deux prohibitions ont la même origine historique, nous verrons qu'elles ne remplissent pas le même but : l'une assure la conservation de la dot ; l'autre la liberté des époux et la pureté du lien conjugal.

La loi romaine ne défend entre époux aucun contrat à titre onéreux ; elle se contente de frapper les contrats purement fictifs, destinés à masquer une libéralité ou une remise prématurée de la dot. Pourvu que ces deux prohibitions soient respectées, les époux peuvent librement accomplir entre eux les actes ordinaires de la vie juridique.

Le contrat de vente produit ses effets normaux entre époux comme entre étrangers (1) : à moins, nous le verrons, que le vendeur n'ait nullement l'intention de se défaire de sa chose, ou l'acheteur de payer le prix ; en pareil cas la vente n'est qu'un prétexte imaginé pour couvrir une libéralité. Mais si les époux se proposent une opération sérieuse,

______

(1) L. 7, § 6, D. de donat. int. vir. et ux., 24-1.

la vente doit être respectée, quand même le vendeur ferait à son conjoint des conditions de prix
meilleures qu'à un étranger : tout se bornera, en
pareille hypothèse, à une rectification du véritable
prix, restreinte à l'enrichissement du conjoint
acheteur (1).

La validité de la vente entre époux, doit être
étendue dans les limites que nous venons de déterminer, à la société, au *chirographum*, au *mutuum*, au gage, à la stipulation d'un *annuum*.

------

(1) L. 17, ad Senat. vell. 16-1. — L. 5, § 5 et L. 52, pr. D. de donat.
int. vir. et ux., 24-1.

# DES DONATIONS ENTRE ÉPOUX

NOTIONS GÉNÉRALES.

La prohibition des donations entre époux ne fut pas l'œuvre du *jus scriptum* ; elle se rattache à la coutume, aux traditions nationales, fixées par le travail des prudents.

On ne pouvait songer à interdire les donations entre époux, au cas de mariage accompagné d'une *conventio in manum mariti*. Assimilée à une fille de famille, la femme *in manu* ne pouvait ni transmettre ni acquérir. Il faut attendre que, sous l'influence de mœurs plus relâchées, la *conventio in manum mariti* soit tombée en désuétude, pour voir les donations entre époux se multiplier, et faire l'objet d'une réglementation légale.

A l'époque de la fameuse loi Cincia, rendue du temps de Caton l'Ancien, en 549 ou 550 de Rome, les donations entre époux sont encore trop rares, pour provoquer la défiance. Bien loin de les traiter avec rigueur, la loi Cincia les favorise, en les laissant sons l'empire du droit antérieur (1). Les époux font partie des « *exceptæ personæ* », soustraites aux exigences du droit nouveau. Depuis comme avant la loi Cincia, la donation entre époux est parfaite, à n'importe quel taux, dès que le donataire est armé d'une action, pour en acquérir le bénéfice, ou d'un moyen de défense, pour en conserver l'avantage. Le complet dessaisissement du donateur, exigé à partir d'un certain taux, quand les parties n'appartiennent pas à la classe des *exceptæ personæ*, n'est pas nécessaire entre époux.

D'après une sérieuse conjecture, ce serait seulement vers la fin de la République, à l'époque où la pratique du divorce entra dans les mœurs, que le régime de faveur, créé par la loi Cincia, fit place à un régime de prohibition. L'une des principales raisons, invoquées par les jurisconsultes, pour justifier l'interdiction des donations entre époux, correspond à un état social, où le bien matrimonial a perdu sa force et son indissolubilité primitives.

---

(1) Certains auteurs allemands veulent limiter l'exemption de la loi Cincia, à certaines donations entre époux exceptionnellement permises, comme les donations divortii ou exilii causa. — Glück, t. XXV, p. 479. — De Savigny (traduction Guenoux) t. IV, p. 200, note C. — De Buchholtz. Com. sur les Fragm. Vatic., § 302.

Les motifs de la prohibition se ramènent à deux principaux ; le second suppose que le divorce est entré dans les mœurs. On avait vu des époux, entraînés par une tendresse inconsidérée, se dépouiller trop facilement l'un au profit de l'autre (1) ; d'autres, inspirés par une cupidité sans frein, mettre à prix la bonne harmonie du ménage, et même le maintien du lien conjugal, en exigeant de leur conjoint une donation sous peine de divorcer (2). Il fallait empêcher ces donations inspirées par un amour aveugle, ou qui seraient la mise à prix de la concorde matrimoniale. On ne pouvait tolérer, nous disent les textes, que la ruine de l'époux le plus désintéressé amenât l'enrichissement de l'époux le plus avide : « *neve melior in paupertatem incideret, deterior ditior fieret* » (3).

A ces deux motifs essentiels, on peut ajouter, avec Paul, que les débats, entraînés par le désir d'obtenir des donations réciproques, auraient détourné les époux de l'éducation des enfants, devoir capital du mariage (4).

Puisque telles sont, d'après les textes, les raisons d'être de la prohibition, on ne l'appliquera qu'aux

---

(1) L. 1 D. de Donat. int. vir. et uxor. 24-1.
(2) L. 2 D. de Donat. int. vir. et uxor.
(3) L. 3 pr. ibid.
(4) L. 3 pr. ibid.

donations entre vifs, sans l'étendre aux donations à cause de mort. Il ne s'agit plus, pour cette seconde catégorie de donations, d'un acte entre époux, mais d'un acte subordonné à un évènement, qui enlèvera aux parties la qualité de conjoints : dès lors plus d'obstacle à des libéralités réciproques. Nous verrons toutefois que l'aliénation immédiate, permise à un donateur à cause de mort ordinaire, est impossible entre époux.

Cette réserve faite, il faut poser en principe la validité des donations à cause de mort entre époux. Quant à la volonté libérale, persévéramment manifestée jusqu'à sa mort, par l'époux qui avait donné entre vifs, il n'en était pas tenu compte. L'époux donateur avait-il eu soin de recourir à une disposition à cause de mort : legs, institution d'héritier, donation à cause de mort, sa volonté était respectée. Au contraire, avait-il procédé par voie de disposition entre vifs ; ses héritiers pouvaient, après sa mort, reprendre les libéralités qu'il avait faites, entre les mains du conjoint gratifié, sans égard à l'intention persévérante du donateur.

Tel était l'état de la législation romaine, quand intervint, sous le règne de Septime Sévère, un sénatus-consulte proposé par son fils, Antonin Caracalla. Désormais, l'intention libérale du donateur, persistant jusqu'à sa mort, aura pour effet, de transformer les donations entre vifs faites à son conjoint, en donations à cause de mort. La volonté persévérante du donateur, dont il n'était tenu aucun compte dans le droit antérieur, fera, sous l'empire du sénatus-consulte, d'un acte prohibé, un acte valable. Cette innovation aura, comme nous le verrons, pour conséquence, de soumettre les donations entre époux aux règles des donations à cause de mort.

L'œuvre du sénatus-consulte, rendu sous Septime Sévère, fut en partie détruite par Justinien, qui fit rentrer dans une large mesure les donations entre époux dans leur nature de donations entre vifs.

Nous parcourrons tour à tour les trois phases législatives, qui viennent d'être indiquées, en recherchant d'abord à quelles conditions s'applique la prohibition des donations entre époux, quelle sanction elle reçoit, quelles exceptions elle comporte, jusqu'au sénatus-consulte rendu sous Septime Sévère. Nous étudierons ensuite l'œuvre de ce sénatus-consulte et celle de Justinien.

# CHAPITRE PREMIER

DE LA PROHIBITION DES DONATIONS ENTRE ÉPOUX
DEPUIS SON ORIGINE JUSQU'AU SÉNATUS-CONSULTE
RENDU SOUS SEPTIME SÉVÈRE.

## I

Les donations entre époux ne sont prohibées qu'à certaines conditions, relatives aux personnes en cause et aux libéralités intervenues.

Quant aux personnes en cause, la prohibition est subordonnée à l'existence d'un mariage actuel, conforme au droit civil. Il faut que les parties soient en état de *justæ nuptiæ*, au sens rigoureux de l'expression, et par opposition aux unions légales d'un ordre inférieur, désignées sous les noms de *concubinatus* et de *contubernium*.

Si l'on suppose le mariage réalisé, il faut, pour assurer l'effet de la prohibition, l'étendre aux personnes, qu'un lien de puissance a mises en communauté de biens avec l'un ou l'autre des époux (1). L'unité de patrimoine est un des traits

_______________

(1) L. 3, § 2. D. de Donat. int. vir. et uxor.

caractéristiques de la famille romaine. Qu'un enrichissement soit survenu à tel ou tel de ses membres, ce n'est pas la personne du gratifié qui en profitera, mais l'association familiale tout entière, représentée par le *Pater*. Aussi, quand la femme est restée, malgré son mariage, *in patria potestate*, peu importe que le mari ait donné à la femme, ou au père de la femme, qui a maintenu celle-ci sous sa puissance, ou à l'un des agnats de la femme, restée comme elle sous la puissance du même *Pater*, ou encore à l'esclave de ce dernier. Dans toutes ces hypothèses, le résultat étant le même, la logique exige que la prohibition s'applique.

Réciproquement, la femme ne peut pas plus donner aux personnes soumises à la puissance de son mari, qu'à son mari lui-même : il lui est interdit de gratifier les enfants, que celui-ci aurait eus d'un précédent mariage, et même ses propres enfants non émancipés.

Les textes n'apportent qu'un seul tempérament à cette dernière prohibition si rigoureuse : la mère peut constituer une dot à sa fille, bien que celle-ci soit *in patria potestate*. Si la règle fléchit en pareille circonstance, c'est que le *paterfamilias* ne profite pas d'une telle libéralité ; c'est le mari qui acquiert les biens donnés en dot. Il est vrai qu'à la dissolution du mariage, c'est le *paterfamilias*, qui intentera l'action en restitution de dot. Mais l'exercice de cette action, n'est pas plus destinée que la constitution de dot elle-même, à enrichir le *Pater* ; il profite à la fille, en lui facilitant un nouveau mariage (1).

La prohibition des donations entre époux soit directes, soit indirectes (par l'interposition d'une personne en communauté de patrimoine avec l'époux donataire), ne s'applique pas, quand le mariage a été célébré, au mépris d'un empêchement légal, qui s'opposait à la formation des *justæ nuptiæ*. Il en serait ainsi, dans l'hypothèse où la fille d'un sénateur aurait épousé un affranchi (2). La loi Julia avait interdit le mariage entre ces personnes (3), sous peine de leur dénier les privilèges accordés aux gens mariés, et de les soumettre aux peines du célibat. Plus tard ,un sénatus-consulte, rendu sous Adrien, renforça l'interdiction de la loi Julia, en la sanctionnant par la nullité du mariage (4). Il en résulte que l'absence de *justæ nuptiæ* possibles écarte la règle prohibitive des donations.

---

(1) L. 34. D. de Donat. int. vir. et ux. — comp. Fragm. vatic. § 269.
(2) L. 3, § 1. D. de Donat. int. vir. et ux.
(3) L. 44, pr. D. de Rit. Nupt. 23-2.
(4) Cf. de Savigny, Trait. de Droit Rom. II, Append. 7.

Il en serait de même entre un fils de sénateur et une comédienne (1); entre un fonctionnaire romain, investi d'une charge politique en province, et une femme, ayant sa *patria* ou son domicile dans la même province (2) : la nullité du mariage entraînerait la validité des donations. Mais comme il serait peu convenable, dans les hypothèses qui viennent d'être rapportées, et dans d'autres du même genre, où la validité d'une donation tient à une nullité de mariage, que le donataire s'enrichît pour avoir violé la loi, ce n'est pas lui qui profitera de la libéralité. Le fisc viendra à propos, pour assurer à la fois l'appauvrissement du donateur, et le non enrichissement du donataire considéré comme indigne (3).

L'attribution au fisc des donations valables, pour cause de mariage nul, n'a pas lieu quand le donateur est excusable à cause de son âge : on lui permet de reprendre ce qu'il a donné, au moyen d'une revendication utile. Il en est de même, quand la nullité du mariage est prononcée en sa faveur (4) : tel serait le cas d'une ex-pupille, épousant le fils de son tuteur. Pareil mariage n'est

---

(1) L. 44 pr. D. de Rit. Nupt. 23-2.
(2) L. 38 et 63, D. de Rit. Nupt.
(3) L. 32, § 28. D. de Don. int. vir. et ux. — L. 2, § 1. D. de His quæ ut indign., 34-9.
(4) L. 7, de Donat. int. vir. et ux. C. 5-16.

licite, que si le père de la jeune fille l'a fiancée lui-même, ou lui a désigné par testament son futur époux. Sans cette condition, le mariage est frappé de nullité dans l'intérêt de la jeune fille, pour que le tuteur ne cherche pas, par une telle union, à éluder un règlement de comptes sérieux. La prohibition du mariage, étant créée en sa faveur, permet à la jeune fille de reprendre, par une revendication utile, les libéralités qu'elle a faites à son prétendu mari.

Limitée à des personnes unies par des *justæ nuptiæ* valables, la prohibition des donations entre époux ne commence qu'au moment précis du mariage. Elle ne frappe pas les fiancés, quand même il y aurait projet arrêté, engagement réciproque, de se prendre pour mari et femme, donné dans la forme usitée à Rome, de promesses verbales ou *sponsiones*. La donation est encore licite le jour même du mariage, si elle a lieu *ante nuptias* (1).

Il semblerait qu'il dût en être de même, de la donation qui s'est formée entre fiancés, et dont l'exécution est subordonnée à la réalisation des *nuptiæ*. On est encore en présence d'une libéralité, qu'il est impossible d'attribuer à l'ascendant d'un époux sur l'autre. Mais les textes considèrent

_______________

(1) L. 27. D. de Donat. int. vir. et ux.

les libéralités, dont l'accomplissement dépend du mariage, comme des donations entre époux, et les traitent comme telles (1).

On ne peut pas expliquer cette contradiction apparente par la nécessité d'écarter toute spéculation en matière de mariage, et d'assurer le complet désintéressement de l'union conjugale. Il faudrait, si l'on appliquait rigoureusement cette idée, annuler toutes les donations entre fiancés, même celles qui ont reçu leur pleine réalisation avant le mariage. On donne un compte plus exact de la solution romaine, en disant qu'une donation entre futurs époux ne peut trouver sa perfection dans le fait même du mariage, qui rend désormais impossible toute donation entre les conjoints. Il serait contradictoire que le même acte rendît toute libéralité impossible pour l'avenir et fît valoir celles qui ont eu lieu dans le passé.

La solution, qui vient d'être rapportée, a été appliquée (2) au cas d'estimation inexacte donnée aux biens dotaux, soit en exagérant à dessein la valeur de ces biens dans l'intérêt de la femme, soit en la réduisant volontairement en faveur du mari. A raison de cette inexactitude calculée, les

---

(1) L. 12, D. pr. de Jure dot. 23-3.
(2) Par la loi 12 de jure dot. précitée.

objets estimés garderont leur caractère dotal ; le mari restera débiteur de corps certains, et tenu des risques, au lieu d'être débiteur d'un prix en argent et affranchi des risques, comme en cas d'estimation loyale. Peu importe que l'estimation fausse ait lieu avant ou après le mariage ; a-t-elle lieu après le mariage : elle constitue, à n'en pas douter, une libéralité, et la règle, qui interdit les donations pendant le mariage, reçoit son application ; est-elle antérieure au mariage : comme son effet libéral est subordonné à l'accomplissement des *justæ nuptiæ*, elle réunit tous les caractères d'une donation entre fiancés, dont la réalisation dépend du mariage, et doit être assimilée à une donation entre époux.

En résumé, limitée aux personnes légalement unies par les liens de *justæ nuptiæ*, la prohibition ne s'applique ni aux concubins, ni aux personnes qui se seraient unies au mépris d'un empêchement, ni aux simples fiancés. Encore faut-il, pour cette dernière classe, que l'exécution de la donation ne soit pas suspendue jusqu'à l'accomplissement du mariage.

Les personnes soumises à la prohibition ainsi déterminées, c'est la libéralité prise en elle-même, qu'il reste à envisager ; à quelles conditions sera-t-elle interdite ?

II

Toute donation implique par essence les trois éléments suivants : une intention libérale chez le donateur, une aliénation consentie par lui, et une acquisition faite par le donataire. L'absence d'un de ces trois éléments écarte nécessairement la prohibition, sans que leur réunion suffise à l'entraîner. Recherchons ce qui doit s'ajouter aux éléments essentiels à toute donation, pour qu'il y ait lieu d'appliquer l'interdiction qui frappe les époux.

Rien de spécial à dire, en ce qui touche l'intention libérale chez le donateur. Il faut, pour l'existence même de la donation, que le donateur ne soit mû ni par une contrainte légale même imparfaite, ni par l'intérêt personnel, ni par le sentiment de l'honneur ou du devoir. Le débiteur qui s'acquitte d'une obligation naturelle, le plaideur qui consent une transaction désavantageuse, le fils qui paie les dettes de son père, l'héritier qui acquitte les legs sans retenir sa quarte, ne font pas des donations (1).

_______________

(1) L. 1 pr. et L. 29 pr., D. de Donat., 39-5. — L. 82. D. de reg. jur., 50-17 et L. 17, ibid. — L. 5, § 15, D. de Donat. int. vir. et ux. — L. 1, D. de transact., 2-15.

Le second élément essentiel d'une donation, c'est une aliénation consentie par le donateur. C'est ici que le droit spécial des donations entre époux, commence à se séparer du droit commun des donations.

Pour qu'il y ait donation, un transport de propriété n'est pas nécessaire, comme le mot aliénation, pris dans son sens rigoureux, pourrait le faire supposer. Il suffit, que le donateur abandonne un droit, dont l'acquisition dépend de sa seule volonté : quand je renonce à une hérédité au profit de l'héritier légitime ou du substitué, quand je répudie un legs au profit de l'héritier institué, je fais une donation, sans aliéner, au sens strict du mot.

Au contraire, pour qu'il y ait lieu d'appliquer la règle prohibitive des donations entre époux, une aliénation au sens propre et rigoureux du mot, c'est-à-dire un appauvrissement du donateur, est indispensable : on ne frappe pas de nullité la renonciation d'un héritier au profit de son conjoint substitué (1), d'un légataire au profit de son conjoint institué ou appelé à son défaut.

On n'appliquera pas davantage la règle prohibi-

_______________

(1) L. 5, § 13, D. de Donat. int. vir. et ux.

tive des donations entre époux, quand le mari livre à sa femme la chose d'autrui (1). C'est une hypothèse que prévoient plusieurs textes, en déclarant la femme en droit d'usucaper. Cette solution semble contraire aux principes de l'usucapion, car de deux choses l'une : ou la femme a su que son mari lui a livré la chose d'autrui, ou elle a cru à tort son mari propriétaire. Il faut écarter la première supposition : si la femme a reçu sciemment la chose d'autrui, elle ne peut usucaper, faute de *bona fides*. Mais si elle a cru son mari propriétaire, n'est-elle pas également hors d'état d'usucaper, faute de juste titre, puisqu'à ses yeux elle ne possède qu'en vertu d'une donation prohibée?

L'objection doit être écartée, car les jurisconsultes romains ont admis, qu'un juste titre même inconnu du possesseur, pût servir de base à l'usucapion. Si la femme ignore son juste titre, c'est qu'elle croit son mari propriétaire : son ignorance, provenant d'une erreur de fait sur la personne du propriétaire, ne peut être un obstacle à l'usucapion. C'est ici le cas d'appliquer la règle : « *plus est in re quam in existimatione ; plus valet quod in veritate est quam quod in opinione* ».

---

(1) L. 25, D. de Donat. int. vir. et uxor,

Nous avons écarté la règle prohibitive des donations entre époux, quand le mari livre à sa femme la chose d'autrui, sans distinguer si le mari est ou non en position d'usucaper lui-même.

Quelques auteurs (1) proposent cette distinction : le mari a-t-il livré une chose, dont il n'aurait pas pu devenir propriétaire, par voie d'usucapion, la femme sera en droit d'usucaper. A-t-il livré au contraire une chose susceptible d'usucapion, acquise par lui avec juste titre et bonne foi, la règle prohibitive des donations entre époux reprendra son empire.

Nous pensons qu'il faut rejeter cette distinction et écarter l'interdiction des donations entre époux, même quand le mari renonce à une usucapion possible à son profit. Quand il s'agissait de la répudiation d'une hérédité ou d'un legs, nous la déclarions avec les textes, permise au profit du conjoint, faute d'appauvrissement du renonçant, d'aliénation au sens rigoureux du mot. La renonciation du mari à une usucapion possible à son profit, n'est pas un acte d'une autre nature, que la répudiation d'une hérédité ou d'un legs : c'est l'abandon d'un droit, dont l'acquisition dépend de

---

(1) Machelard, Textes de Droit romain, 3ᵉ part., p. 224.

la volonté du renonçant. Cet abandon constitue bien une libéralité, mais non une libéralité interdite entre époux ; car si un gain manqué suffit pour qu'il y ait donation, il faut une perte éprouvée, pour qu'il y ait donation prohibée entre époux.

Pour ne laisser aucun doute sur la question qui nous occupe, les textes (1) ont soin de préciser que l'usucapion commencera aussitôt au profit de la femme, même au cas de donation à cause de mort. Il était utile d'insister sur ce point, car les donations à cause de mort, permises entre époux, comme nous le verrons, étaient retardées quant à leur effet, jusqu'à la mort du donateur, même si celui-ci voulait une aliénation immédiate. Dans l'hypothèse qui nous occupe, toutes les restrictions apportées à la liberté de donner entre époux disparaissent : l'usucapion commencera immédiatement au profit de la femme, même en cas de donation à cause de mort ; et les lois caducaires, limitatives de la quotité disponible entre époux par voie de disposition à cause de mort, ne recevront pas leur application. Le motif est toujours le même : le donateur ne s'appauvrissant pas, il y a lieu d'écarter toute règle restrictive des donations entre époux.

---

(1) Notamment la loi 25 de don. in'. vir. et ux. précitée.

Le troisième élément essentiel d'une donation,
c'est une acquisition réalisée par le donataire. Il
faut que la partie, qui se dépouille, procure à
l'autre un avantage appréciable en argent. Si je
livre mon esclave à Titius (1), sous la charge de
l'affranchir, je diminue mon patrimoine, mais sans
augmenter celui de Titius : il manque une condition essentielle à l'existence de la donation. Titius
jouira des droits du patronat, que j'aurais pu me
réserver, en affranchissant moi-même, mais ce
n'est pas là un avantage appréciable en argent. Il
pourra même exiger de l'esclave, au moment de
l'affranchissement, des *operæ* ou le paiement
d'une certaine somme : cette circonstance ne fera
pas de lui un donataire, car les valeurs exigées ne
sortent pas du patrimoine du donateur.

Aussi importe-t-il peu, quand le mari livre un
de ses esclaves à sa femme, à charge d'affranchissement, que celle-ci retienne pour elle-même les
prérogatives du patronat, ou impose des *operæ* à
l'esclave affranchi : l'absence de donation écarte
toute règle prohibitive (2).

─────────────

(1) L. 18, § 1, D. de Donat. 39-5,
(2) Paul Sent. Liv. 2. Tit. 23, § 2.

Par application de la même idée, il faut déclarer valable l'aliénation au profit du conjoint, d'un
terrain destiné à lui servir de sépulture (1). Cet
acte dépouille le donateur, mais sans enrichir le
conjoint gratifié, puisque l'inhumation fera du
terrain concédé une *res divini juris*. Aussi faut-il
pour la validité de l'aliénation, que le terrain re-
çoive la destination prévue par le concédant ; à
défaut d'inhumation, la chose, restant profane,
pourra être revendiquée par l'époux donateur.

Il faut rattacher, au même principe, la validité
des donations entre époux destinées à un service
divin « *ad obligationem Dei* » (2), ou à l'intérêt
public « *ad opus publicum* », ou simplement
affectées à un pareil usage.

On respecte encore la donation, quand elle permet au conjoint gratifié, de subvenir aux dépenses d'un cognat, chargé d'une fonction publique
onéreuse (3).

Dans toutes ces solutions, l'absence de libéralité, faute d'enrichissement du donataire, écarte
toute prohibition entre époux.

Examinons d'autres cas, où la donation existe,
grâce à un enrichissement suffisant du donataire,

---

(1) L. 5, § 8. D. de Donat. int. vir. et ux.
(2) L. 5, § 12 ibid.
(3) L. 5, § 16 ibid.

et où pourtant l'interdiction entre époux n'est pas appliquée, grâce à une interprétation bienveillante, formulée par Paul dans les termes suivants : « *sane non amare nec tanquam inter infestos, jus prohibitæ donationis tractandum est* (1). »

Le mari donne valablement à sa femme une somme destinée à l'acquisition d'objets de luxe, de parfums par exemple (2). Il n'est pas nécessaire que la femme fasse un emploi conforme à la destination du mari ; elle peut employer l'argent à payer ses créanciers et prendre ensuite sur sa bourse pour se procurer les parfums ; par bienveillance, la prohibition est écartée, bien qu'un avantage certain, appréciable en argent, soit entré dans le patrimoine de la femme. De même, si l'un des époux étant victime d'un incendie (3), son conjoint lui fournit la somme nécessaire à réparer le sinistre : cette donation est respectée par application de la règle « *sane non amare.....* »

La même solution bienveillante doit être donnée, en cas de simple usage des choses (4), gratuitement concédé par un époux à l'autre, ou encore en cas de paiement avant terme d'une dette non échue (5).

_______________

(1) Loi 28, § 2, D. de Donat. int. vir et ux.
(2) Loi 7, § 1 ibid.
(3) L. 14 ibid.
(4) L. 18 ibid.
(5) L. 31, § 6. D. de Donat. int. vir. et ux.

Nous touchons à un point important, qui a fait l'objet d'une controverse. On s'est demandé, si la proscription des donations entre époux, atteint des libéralités, dont l'objet n'embrasse que des revenus. Plusieurs textes sont invoqués en faveur de la négative. Il semble, qu'on ne puisse pas expliquer autrement, le texte de Pomponius, qui admet entre époux un paiement avant l'échéance (1); celui de Modestin (2), qui permet la remise d'intérêts; celui d'Ulpien (3), qui laisse aux mains de l'époux donataire les fruits des biens donnés. Dans tous ces cas, il y a une véritable et complète libéralité; le donateur s'appauvrit, soit en s'abstenant de tirer parti d'un capital, soit en perdant le profit, qu'une possession temporaire a procuré au donataire; celui-ci acquiert un avantage appréciable en argent. Si la prohibition est écartée, c'est par faveur, et en vertu de la règle « *sane non amare....* »

Mais on oppose, aux textes que nous venons d'invoquer, une décision de Marcellus (4). Le jurisconsulte suppose que la femme livre un fonds à son mari, à charge, pour celui-ci, de le restituer à

---

(1) L. 31, § 6 précitée.
(2) L. 23, D. de Donal. 3)-5.
(3) L. 17. D. de Donat. int. vir. et ux.
(4) L. 40, D. de Dorat. in'. vir. et ux.

sa mort à un enfant commun. Quelle sera la valeur d'une pareille tradition ? De deux choses l'une, répond Marcellus : ou bien, la femme a voulu gratifier le mari de la jouissance intérimaire ; dans ce cas, la tradition ne produira aucun effet, à cause de la prohibition des donations entre époux. Ou bien la femme a considéré le mari comme un simple intermédiaire, chargé de tout restituer, sans pouvoir faire la moindre retenue ; dans ce cas, la tradition sera valable.

Cette décision de Marcellus prouve une divergence de vues, entre les jurisconsultes romains, sur la validité des libéralités entre époux, dont l'objet n'atteint que des revenus. L'opinion de Marcellus est plus conforme à la logique ; celle de Pomponius, de Modestin et d'Ulpien, plus en harmonie avec l'interprétation favorable aux époux, qui avait fini par prévaloir.

Si l'on admet, avec la majorité des textes, la validité des donations entre époux, dont l'objet n'embrasse que des revenus, il faut bien se garder d'appliquer cette solution, au cas où le mari consentirait, au profit de la femme, l'abandon des fruits dotaux (1). Nous verrons en effet, qu'à côté et en dehors de la prohibition des donations entre époux,

---

(1) L. 21, § 1, D. de don. int. vir. et ux.

une autre règle, plus absolue dans sa portée, interdit toute restitution anticipée de la dot, même limitée aux revenus.

Il nous reste un dernier exemple à indiquer, de l'interprétation bienveillante, qui prévalut en matière de donations entre époux. Il est permis à la femme d'accroitre sa dot pendant le mariage (1) : les Romains n'ont pas connu la règle de l'art. 1543 Cod. civ. qui défend toute constitution ou augmentation de dot au cours du mariage. Comment concilier cette faculté d'accroître la dot pendant le mariage, avec la prohibition des donations entre époux ? Toujours en vertu de l'idée générale, dont nous avons tâché de montrer les applications : il faut un enrichissement bien caractérisé du donataire, pour que notre prohibition soit applicable. Sans doute, le mari devient propriétaire de l'*incrementum dotis* consenti pendant le mariage ; mais ce n'est pas une acquisition vraiment lucrative : elle est destinée à couvrir les charges de l'association conjugale, notamment l'entretien de la femme. Nonobstant la propriété acquise au mari, l'*incrementum dotis* reste, nous disent les textes, la chose de la femme : « *Quamvis in bonis mariti dos sit, mulieris tamen est* ». A la dissolution du

---

(1) Sent. Paul, Liv. 2, Tit. 21, § 1. — L. 4, de jure dotium, D. 23-3.

mariage, la femme survivante reprendra sa dot et tous les accroissements qu'elle a consentis au cours du mariage. Cette restitution enlève à l'acquisition du mari tout caractère lucratif. Il est vrai qu'en cas de prédécès de la femme, survenu *in matrimonio*, le mari garde le bénéfice de la dot, et fait ainsi un enrichissement bien caractérisé. Mais cet avantage éventuel ne constitue pas une donation interdite, parce qu'au moment où il se réalise, la qualité d'époux, seule cause de la prohibition, n'existe plus. C'est, comme nous le verrons, en vertu de la même idée, que les Romains validaient entre époux les donations à cause de mort.

Nous avons passé en revue, les éléments essentiels à l'existence même d'une donation, et montré ce qui devait s'ajouter au droit commun des donations, pour que l'acte fût proscrit entre époux.

Prouvons qu'un dernier élément, inutile à l'existence de la donation, est nécessaire à l'interdiction entre époux : c'est un accord de volontés entre les parties. Un texte de Nératius (1) ne peut s'expliquer, que si l'on restreint notre prohibition aux donations conventionnelles.

Nératius suppose qu'un tiers a livré à la femme une chose appartenant au mari ; tout le monde ignore la propriété du mari : le tiers, la femme, le mari lui-même. L'usucapion de la femme s'accomplira sans obstacle. Mais il en sera autrement, quand le mari et la femme découvriront l'un et l'autre la réalité des choses. Avant que l'usucapion soit accomplie, le mari reconnaît qu'il est propriétaire ; la femme apprend qu'elle possède la chose du mari, mais elle s'entend avec lui pour

______

(1) L. 44, D. de Donat. int. vir. et ux.

écarter une revendication. A raison de cette connivence des époux, l'usucapion commencée par la
femme est interrompue ; et elle ne peut plus usucaper de nouveau, parce que sa possession tient
désormais à une donation prohibée.

Il faut remarquer, qu'en donnant cette décision,
Nératius prend le plus grand soin d'insister sur
une circonstance importante : la femme doit être
instruite de la propriété du mari. Il ne suffit pas
que le mari découvre seul la réalité des choses,
et s'abstienne de revendiquer, dans une intention
libérale à l'égard de la femme. Il est nécessaire
que les deux époux soient de connivence et écar-
tent d'un commun accord une revendication, dont
le succès ne serait pas douteux. Cette condition
d'une entente frauduleuse entre les époux, rigoureusement exigée par le jurisconsulte, ne peut
s'expliquer que si on limite la prohibition des
donations entre époux aux seules donations conventionnelles.

L'argument de texte, que nous venons d'indiquer, est confirmé par un argument de raison. Les
motifs de la prohibition font absolument défaut,
quand l'époux donataire a été gratifié sans le savoir. Peut-on attribuer une telle libéralité à l'influence d'un époux sur l'autre, ou peut-on la considérer comme une concession arrachée par la

menace du divorce? Est-elle la mise à prix de l'harmonie conjugale? Enrichira-t-elle l'époux le plus avide, au préjudice du plus désintéressé? Entraînera-t-elle des débats, qui détourneront les époux de leurs devoirs? Il faut donc, à moins de les prohiber sans motif, valider les donations non conventionnelles entre époux (1).

Il peut se faire que les époux aient recours à un contrat à titre onéreux, pour masquer une libéralité : cette dissimulation ne peut faire valoir la donation. Les textes le précisent, en cas de vente et en cas de société.

Pour empêcher les époux d'éluder, par un moyen détourné, la prohibition des donations entre époux, le Droit Romain n'a pas poussé la rigueur jusqu'à proscrire toute vente entre époux (2). Nous verrons qu'il en est autrement, sous l'empire de notre Code Civil (3), qui interdit la vente entre époux, sans égard à l'intention des parties. A Rome, les ventes sérieuses sont permises entre époux comme entre étrangers ; il n'est même pas nécessaire, pour la validité de l'opération, que la chose soit vendue à juste prix. Pourvu qu'un but libéral

(1) Sic: Accarias : Préc. de Droit R., I, pg. 785, note 3. — Contra : Machelard, Textes, 3ᵉ p., pg. 262. — De Savigny, IV, § 160.
(2) L. 31, § 3, D. de don. int. vir. et ux.
(3) Art. 1595.

n'ait pas inspiré les époux, la vente produit ses effets normaux ; elle n'est affectée dans ses conséquences ou dans sa validité, que si l'une des parties contractantes a eu l'intention de gratifier l'autre. En pareil cas, Julien (1) était d'avis d'annuler radicalement l'opération. Mais son avis n'a pas prévalu, et le système qui reçut la préférence des jurisconsultes, se traduit par une distinction. Suivant la gravité de la fraude qui vicie l'opération, tantôt la vente n'est atteinte que dans ses effets, tantôt elle est affectée dans sa validité même. Si elle n'a été qu'un prétexte imaginé, pour dissimuler une libéralité, le vendeur n'ayant pas l'intention de livrer la chose, ou l'acheteur de payer le prix, la vente sera considérée comme non avenue. Si, au contraire, le vendeur a livré la chose, ou a l'intention sérieuse de faire la livraison, mais se contente, pour gratifier l'acheteur, d'un prix inférieur à la valeur de la chose, la vente sera maintenue, sauf pour le vendeur, le droit d'exiger le supplément du juste prix. L'insuffisance du prix étant inspirée par un but de libéralité, la rectification s'impose.

Il faut en matière de société (2), comme en

--------

(1) L. 5, § 5, D. de don. int. vir. et ux.
(2) L. 32, § 24, D. de don. int. vir. et ux.

matière de vente, valider entre époux les sociétés sérieuses, et annuler celles, qui n'ont eu pour but, que de masquer une libéralité. Cette dernière solution est l'application d'une règle générale, qui, même entre étrangers, annule les sociétés formées « *donationis causa* ».

Nous avons examiné toutes les conditions requises pour la prohibition des donations entre époux. Nous devons maintenant en déterminer la sanction.

V

On peut résumer les effets de notre prohibition,
en disant qu'elle anéantit tous les actes juridiques
accomplis pour y contrevenir (1). Pourvu que le
donateur ne se soit pas dépouillé par une tradition, la sanction s'opère d'elle-même et ne néces-
site aucune poursuite judiciaire. La mancipation,
la promesse, la remise de dette par voie d'accepti-
lation, sont considérées comme non avenues : la
mancipation n'a pas rendu le donataire propriétaire ; la promesse ne l'a pas rendu créancier ; la
remise de dette n'a pas eu pour effet de le libérer.
De même, en cas d'*expromissio;* l'époux, qui s'est
spontanément obligé à la place de l'autre, est traité
comme n'ayant contracté aucune obligation.

Mais le principe, qui vient d'être énoncé, mène-
rait à une conséquence rigoureuse, au cas où le
débiteur du mari se libère entre les mains de la
femme, pour se conformer à un ordre du mari,
voulant faire une donation à sa femme. Il faudrait
décider que, l'acte étant nul, le débiteur n'est pas
libéré, réserve faite du droit d'opposer l'exception

_______________

(1) L. 3, § 10 et 5, § 4, D. de d. int. vir. et ux.

de dol à la poursuite du mari. Telle est effective-
ment la doctrine d'Africain (1), qui déclare le mari
recevable, malgré la stricte exécution de son
ordre, à poursuivre son débiteur, sauf, pour celui-
ci, s'il consent à céder ses actions contre la femme,
le droit de paralyser la poursuite du mari par une
exception de dol.

Cette solution d'Africain est rejetée par Ulpien (2),
qui, grâce à une analyse plus minutieuse de l'opération, y découvre une tradition fictive, dont l'effet est de libérer le créancier, et de rendre le mari
propriétaire des écus versés entre les mains de la
femme. En exécutant l'ordre donné, le débiteur
est censé payer entre les mains du mari, qui, à
son tour, aurait remis à la femme les écus reçus
du débiteur. Il y a dans notre hypothèse deux
aliénations comprises dans une seule; et la tradition réelle, faite à la femme, ne doit pas faire
oublier la tradition, qui s'est opérée intellectuel-
lement, du débiteur au mari. S'il arrive qu'un
obstacle légal empêche la tradition réelle faite à
la femme de produire son effet, il n'en résulte
pas que la tradition fictive, faite au mari, doive
être considérée comme non avenue. Malgré la re-

_______

(1) L. 38, § 1, D. de Solut. 46-3.
(2) L. 3, § 12, D. de Don. int. vir. et ux.

mise entre les mains de la femme, le mari est devenu propriétaire des écus, faute pour lui de pouvoir donner valablement à sa femme.

En proposant cette solution, Ulpien ne fait qu'appliquer la théorie ingénieuse de la tradition fictice, admise de son temps pour les besoins de la pratique. Aussi n'y a-t-il pas lieu de s'étonner que la décision d'Ulpien contredise celle d'Africain : bien d'autres textes nous révèlent une opposition toute semblable. Les plus connus (1) sont relatifs à la question de savoir, si le mandant peut laisser à titre de *mutuum*, entre les mains du mandataire, ce que celui-ci lui doit par suite du mandat. Ici encore, les principes devaient conduire Africain à la négative, puisque la simple convention est impuissante à transférer la propriété. Mais Ulpien, pour valider l'opération, la décompose en deux traditions fictives, l'une du mandataire au mandant, l'autre du mandant au mandataire. En spiritualisant la tradition, les jurisconsultes romains ont ouvert la voie au législateur moderne, et préparé le transfert de propriété par la seule convention.

Nous avons supposé qu'aucune voie de droit

---

(1) L. 34 pr. D. Mandat 7-1 et L. 18, D. de Reb. Cred. 12-1.

n'était nécessaire, pour anéantir les actes juridiques, accomplis malgré la prohibition des donations entre époux. Plaçons-nous maintenant dans l'hypothèse, où le donateur s'est dépouillé par une tradition, de la possession des choses données. Il faut, pour tirer parti de la prohibition, que l'époux donateur intente une action contre le donataire : ce sera tantôt une action en revendication, tantôt une *condictio ex injusta causa*, suivant que la chose donnée est restée ou non aux mains de l'époux donataire.

En octroyant ces deux actions au donateur, les jurisconsultes apportent au droit commun plusieurs tempéraments, la plupart favorables à l'époux donataire, et dont un seul a pour but de sauvegarder les intérêts de l'époux donateur.

Indiquons d'abord les dérogations admises en faveur de l'époux donataire.

En vertu du droit commun, le défendeur à la revendication, qui s'obstine, malgré l'ordre du juge, à ne pas restituer la chose, subit une condamnation fixée par le serment du demandeur. On punit encore sa résistance d'une autre manière : forcé de payer l'estimation de la chose litigieuse, il n'est pas admis, pour cela, à exiger de son adversaire, une promesse de garantie contre l'éviction. Au cas de donation entre époux, le *jura-*

*mentum in litem* se trouve écarté (1); et le conjoint donateur, considéré comme en faute d'avoir
livré, n'obtient pas une indemnité supérieure à la
valeur de la chose. Traité comme un vendeur, il
doit s'engager à la garantie pour le cas d'éviction (2), et fournir caution à cet effet. Toutefois
la caution est limitée au simple, au lieu de s'éle-
ver au double, comme en matière de vente. Le
montant du *duplum*, se réglant en matière de
vente sur le prix, il faut décider par analogie, que
le montant du *simplum* dans notre hypothèse, est
fixé par le chiffre de l'indemnité payée, et non
par la valeur de la chose au moment de l'éviction.

Nous venons d'examiner l'hypothèse, où la
chose donnée est restée aux mains de l'époux donataire. Si nous supposons qu'il a disposé de la
chose donnée, il est tenu jusqu'à concurrence de
son enrichissement. Sa condamnation ne peut
excéder ni la valeur reçue, ni ce qui lui reste entre
les mains au moment de la *Litis contestatio* (3). La
femme a reçu dix, et s'est procuré un esclave, qui
vaut quinze : elle ne doit que dix. L'esclave a-t-il
péri au moment de la *Litis contestatio*, elle n'a plus
rien à rendre (4). Jusqu'ici, ce sont les règles ordi-

---

(1) L. 36, D. de don. int. vir. et ux.
(2) Loi 36 précit. — cpr. l. 35, § 2, D. de rei vindicat. 6-1.
(3) L. 7, pr. D. de don. int. vir. et ux.
(4) L. 28, § 3, ibid.

naires, applicables aux défendeurs tenus jusqu'à concurrence de leur enrichissement ; mais, là où commence une nouvelle exception au droit commun en faveur de l'époux donataire, c'est, quand, après un premier emploi de la somme donnée, l'époux donataire vend la chose acquise, pour s'en procurer une autre : les risques de ce nouvel objet incombent encore au donateur, qui n'obtiendra rien en cas de perte par cas fortuit (1).

Cette solution, avantageuse pour l'époux donataire, déroge au droit commun : le possesseur de bonne foi d'une hérédité, tenu *quatenus locupletior factus est* (2), ne peut alléguer qu'il a perdu, par un nouvel emploi infructueux, le profit une fois réalisé.

C'est l'époux donataire, qui a bénéficié jusqu'à présent des règles spéciales admises en notre matière. En revanche, on trouve une disposition de faveur pour l'époux donateur. Quand, après avoir disposé de l'argent donné, l'époux donataire tombe insolvable, une action en revendication est accordée au donateur *utilitatis causa*, à l'égard des choses acquises avec les deniers donnés (3). D'après les principes, le donateur devrait être réduit à une

---

(1) L. 29, pr., ibíd.
(2) L. 18, D. Quod met. caus. 4-2.
(3) L. 55, D. de don. int. vir. et ux.

simple action personnelle, et subir le concours des créanciers du donataire. C'est pour lui éviter ce résultat fâcheux, que le jurisconsulte Paul lui reconnaît une action réelle utile. Toutefois, si la chose, provenant des deniers donnés, avait une valeur supérieure à ces deniers, il faudrait tenir compte de l'excédent : l'époux donateur ne peut jamais obtenir une restitution supérieure à ce qu'il a donné.

## VI

Il nous reste, pour avoir complètement étudié notre prohibition, envisagée dans sa première phase historique, à indiquer les exceptions qu'elle comporte.

En vertu d'une pratique constante, sanctionnée par une constitution d'Antonin le Pieux, la femme peut donner à son mari *honoris causa* (1), pour l'aider par exemple à être nommé sénateur ou chevalier. Elle peut encore subvenir aux charges d'une dignité déjà obtenue : c'est ainsi qu'elle gratifierait valablement son mari sénateur, ou investi d'une magistrature, pour lui permettre de donner des jeux publics.

Dans tous ces cas, la donation n'est permise que dans la mesure où elle couvre les frais du mari.

Il faut encore valider les donations entre époux, dont l'effet ne peut se produire, qu'à une époque où la qualité d'époux n'existe plus. Trois évènements la font disparaître (2) : l'exil, le divorce, la

---

(1) L. 42, D. de donat. int. vir. et ux.

(2) Il s'agit ici de la qualité d'époux reconnue et sanctionnée jure civili : l'exil ne détruit pas la qualité d'époux jure gentium.

mort : nous devons donc soustraire à la prohibition toute libéralité entre époux, dont l'effet est subordonné au cas d'exil, de divorce ou de prédécès du donateur.

L'exil n'a pas pour effet, comme le divorce ou la mort, de dissoudre l'union conjugale : elle continue, si l'époux innocent consent à la prolonger, mais avec le caractère affaibli de mariage du *jus gentium*. Les deux époux, cessant d'être mariés *jure civili*, ne sont plus soumis à la règle prohibitive des donations (2). Comme l'époux condamné reste capable d'acquérir par les modes du droit des gens, les donations faites, en sa faveur, produiront leur effet sans difficulté. Elles offrent une utilité particulière, à raison de la confiscation, que l'exil a entraînée.

On conçoit moins aisément une donation émanant de l'époux condamné, non pas qu'il soit frappé d'une incapacité, mais parce que la confiscation encourue le réduit à l'impossibilité de rien donner. Il est difficile d'admettre, malgré l'autorité de Pothier (2), que les donations du condamné à son conjoint fassent fléchir les droits du fisc (3) : aussi

---

(1) L. 43, D. de don. int. vir. et ux.
(2) Pandectæ, ad h. tit. nᵒˢ 23 et 24.
(3) Cette solution n'a été admise, nous le verrons, que par une constitution de Constantin.

faut-il supposer une remise de la confiscation, par décision du prince, pour qu'une pareille donation soit réalisable.

A la différence de l'exil, le divorce dissout l'union conjugale, et enlève par le fait même toute raison d'être à notre prohibition (1). Il ne faudrait pa  toutefois, que deux époux, se promettant de renouer le lien matrimonial, simulassent un divorce, pour accomplir librement une donation l'un au profit de l'autre. C'est pour empêcher cette fraude, que les textes exigent un « *verum divortium, non simulatum* » (2). Il est nécessaire aussi, que la donation soit à peu près contemporaine du divorce, et n'ait pas lieu par anticipation, en vue d'un divorce futur (3).

On s'est demandé, comment il était possible de concilier la tolérance des donations *divortii causa*, et la révocation, par la survenance du divorce, des donations *mortis causa* faites antérieurement (4). Il est facile d'écarter toute contradiction, en se rappelant, que le divorce peut se produire à Rome de deux manières (5) : soit par suite d'un trouble

---

(1) L. 11, § 11, D. de don. int. vir. et ux.
(2) L. 64, ibid.
(3) L. 12, ibid.
(4) L. 11, § 10, ibid.
(5) L. 32, § 10, ibid.

dans l'union conjugale ; soit d'un commun accord, et dans des circonstances n'impliquant aucune inimitié entre les parties. Si le divorce entraîne la révocation des donations à cause de mort, c'est qu'on ne doit pas présumer une séparation à l'amiable et une persistance du donateur dans sa volonté libérale. Mais, en cas de donation faite *divortii causa*, c'est la présomption contraire, qui doit triompher ; il faut supposer deux époux se séparant sans mésintelligence ; l'intention libérale du donateur ne peut pas laisser de doute.

Enfin, notre prohibition n'embrasse pas les donations *mortis causa*, c'est-à-dire subordonnées par l'époux donateur à la condition de son prédécès.

Il est à remarquer, qu'en droit commun, le prédécès du donateur, dont dépend le sort de toute donation à cause de mort, peut agir de deux manières (1) : soit en faisant naître le droit du donataire ; on peut le considérer alors comme une condition suspensive qui se réalise ; soit en rendant définitif le droit déjà acquis du donataire : on peut le regarder alors, comme une condition résolutoire qui fait défaut. Tout dépend de la volonté du donateur, qui peut, à son gré, retarder jusqu'à son

-----

(1) L. 29, D. de Mort. caus. donat., 29-6.

décès la translation de propriété, ou l'effectuer de son vivant:

Si le donateur prend le premier parti, son prédécès, jouant le rôle de condition suspensive, rendra le donataire propriétaire. S'il prend le second parti, son prédécès assurera définitivement le droit déjà acquis du donataire.

Mais, en cas de donation *mortis causa* entre époux, le conjoint donateur n'a pas le choix entre ces deux partis (1) : il n'est pas libre de réaliser à son gré une translation immédiate de propriété, ou une translation retardée jusqu'à sa mort : cette translation ne peut avoir lieu qu'au décès du donateur. Il ne faut pas, que la donation puisse produire son effet, avant que la qualité d'époux ait disparu.

Toutefois, la volonté, manifestée par le conjoint donateur, d'effectuer une translation immédiate, n'annulerait pas la donation ; elle aurait même une influence capitale, qu'il faut signaler avec soin.

Plusieurs textes attribuent au prédécès de l'époux donateur un effet rétroactif, qui fait remonter l'acquisition du donataire, au jour où la donation est intervenue (2). Mais cette rétroactivité

______

(1) L. 11 pr. D. de don. int. vir. et ux.
(2) L. 40, D. de Mort. caus. donat., 20-6.

n'est pas présentée, comme un effet nécessaire du prédécès de l'époux donateur : les textes en parlent comme d'une circonstance qui peut faire défaut, et qui dépend essentiellement de la volonté du donateur (1).

Or, il serait contraire, à l'intention présumée de ce dernier, de faire rétroagir une libéralité, dont il a volontairement retardé l'effet, jusqu'au moment de son décès. Pour que la rétroactivité, visée par les textes, puisse s'appliquer, il faut supposer que l'époux donateur ait voulu une translation de propriété immédiate.

L'intérêt de la rétroactivité, qui nous occupe, a été mis en relief dans l'hypothèse suivante, prévue par un texte (2). Si l'on suppose qu'un esclave a été donné *mortis causa*, par le mari à la femme, à qui profiteront, en cas de prédécès du donateur, les stipulations faites par l'esclave, pendant la vie du mari ? Tout dépend de l'intention de ce dernier : a-t-il voulu rester propriétaire sa vie durant, et ne livrer qu'à sa mort, c'est lui qui profite des stipulations faites par l'esclave. Est-ce au contraire, une translation de propriété immédiate qu'il a voulu au profit de la femme, celle-ci est censée,

---

(1) L. 11, § 2, § 9, D. de don. int. vir. et ux.
(2) L. 20, D. de don. int. vir. et ux.

une fois le prédécès du mari réalisé, avoir été propriétaire dès le moment de la donation, et doit bénéficier des stipulations faites par l'esclave, pendant l'intervalle des deux évènements.

## CHAPITRE II



Nous venons de voir les donations à cause de
mort, soustraites à la prohibition des donations
entre époux. En résulte-t-il, qu'en cas de donation entre vifs, la volonté libérale du donateur
sera exécutée à sa mort, si elle persiste jusque là?
Il semblerait que cette solution n'eût rien de
contraire aux principes : il ne s'agit pas de faire
produire à la donation un effet quelconque, avant
la dissolution du mariage, mais seulement à une
époque où, par suite du précédés de l'époux donateur, la prohibition n'a plus sa raison d'être.

Et pourtant, il n'est tenu aucun compte de l'intention libérale du donateur, manifestée jusqu'à
sa mort. Pour que sa volonté fût respectée, il fallait une déclaration expresse, sous forme de legs,
d'institution d'héritier ou de donation *mort's
causa*. Dans un texte antérieur (1) au sénatus-
consulte qui va nous occuper, Africain suppose,
qu'un testateur lègue à son conjoint, ce qu'il lui

_______________

(1) L. 109 pr. D. de Legat .et Fideic., 30-1.

a donné entre vifs. Pareil legs aurait-il sa raison d'être, si les donations entre époux étaient tacitement confirmées par la mort du donateur ?

Cet état de choses fut modifié par un sénatus-consulte célèbre, rendu en l'an 206 de l'ère chrétienne, et appelé par certains textes « *Oratio divi Severi* », par d'autres « *Oratio imperatoris Antonini* ». Malgré cette attribution différente, nous sommes bien en présence d'un sénatus-consulte unique, rendu sous le règne de Septime Sévère, et sur la proposition de son fils Antonin Caracalla, qui partageait alors le trône avec son père. Ainsi s'explique que certains textes attribuent notre sénatus-consulte à Septime Sévère, encore empereur en l'an 206 ; tandis que d'autres l'assignent à Antonin Caracalla (1), associé au trône et promoteur de la réforme.

Il semble que l'émission de ce sénatus-consulte, ait été principalement motivée, par les inconvénients pratiques de la doctrine rigoureuse, que nous avons exposée : comme le décès du donateur, resté fidèle à sa volonté libérale, ne confirmait pas les donations faites à son conjoint, on voyait les

---

(1) La dénomination d' « Oratio Antonini », donnée à notre sénatus-consulte, le distinguait nettement d'un autre sénatus-consulte non moins célèbre, relatif à l'aliénation des immeubles des mineurs de vingt-cinq ans, et qualifié d' « Oratio Severi ».

héritiers du donateur dépouiller le donataire, au mépris des intentions formelles de leur auteur. En s'abstenant de reprendre, ce qu'il aurait pu faire, le donateur n'a pas laissé de doute sur sa volonté, et pourtant ses héritiers la violent, faute pour lui d'avoir eu le temps ou la précaution de faire un testament. Comment remédier à cet inconvénient? On remarqua que la donation entre vifs au profit du conjoint, et maintenue par le donateur jusqu'au moment de son décès, ressemble d'une manière frappante à une donation *mortis causa*. De part et d'autre, on est en présence d'une libéralité, que le donateur peut révoquer à son gré: s'il n'use pas de cette faculté, n'est-il pas juste de respecter ses intentions dans les deux cas? Pour en arriver là, le moyen était bien simple : il suffisait d'assujettir aux mêmes règles les deux opérations. Les principes ne seront pas violés, car jamais la donation entre époux ne pourra valoir, avant que la qualité d'époux ait disparu.

Mais cette assimilation des donations entre époux aux donations à cause de mort ne se fit pas en un jour ; elle fut l'œuvre des jurisconsultes, et se trouve seulement en germe dans notre sénatus-consulte.

La réforme législative, réalisée sous Septime Sévère, avait pour but pratique de remédier à la cupidité des héritiers, qui dépouillaient le conjoint de leur auteur, au mépris des intentions de celui-ci. Aussi, faut-il supposer une donation suivie d'exécution par les soins du donateur : c'est alors seulement qu'on verra les héritiers de celui-ci, arracher les choses données des mains du conjoint gratifié, et mériter la réprobation que l'*Oratio* énonce en ces termes : « *heredem vero eripere….. durum et avarum esse* » (1).

Mais, si le donateur s'est borné à promettre une libéralité, qui n'a pas été accomplie de son vivant, on ne se trouve plus dans les termes ni dans l'esprit du sénatus-consulte. Papinien (2) énonce d'une manière précise cette distinction entre les « *rerum donationes* », et les donations consistant dans une promesse non encore accomplie. Dans le premier cas, la réforme du sénatus-consulte s'appliquera : la donation sera confirmée par le prédécès du donateur, comme une donation à cause de mort ; dans le second cas, le droit antérieur restera en vigueur : l'époux donataire ne pourra exercer aucune action contre les héritiers du donateur. Nous avions donc raison de dire que la réforme ne s'acheva pas en un jour, et trouve

_______________

(1) L. 32, D. de don. int. vir. et ux.
(2) L. 23, ibid.

seulement son germe dans le sénatus-consulte de
l'an 206.

Mais dès l'époque d'Ulpien, le travail des jurisconsultes compléta l'œuvre du sénatus-consulte,
et plusieurs textes nous attestent l'assimilation
des donations entre époux aux donations *mortis
causa*, non seulement pour les *rerum donationes*,
mais pour les simples promesses du donateur, non
encore exécutées à sa mort. Ulpien se sert des termes les plus formels pour montrer l'extension du
sénatus-consulte à toutes les donations possibles
entre époux : « *et generaliter univers e-donationes
quas impediri diximus, ex Oratione valebunt* » (1).
Puis, il indique les applications pratiques du principe : la donation entre époux non révoquée sera
susceptible de créer une obligation sanctionnée
par le droit civil ; elle produira son effet, s'il y a
eu remise de dette au moyen d'une *acceptilatio*.
Nous sommes bien loin de la doctrine de Papinien,
qui limitait l'effet du sénatus-consulte aux « *rerum donationes* », c'est-à-dire au cas où le donateur a fait livraison des choses données.

Désormais, les héritiers du donateur sont liés
par sa promesse, alors que, de son vivant, le donateur lui-même n'aurait pu être poursuivi : Ulpien

---

(1) L. 32, § 1, D. de don. int. vir. et ux.

les déclare tenus *jure civili* vis-à-vis du donataire.
Cette décision ne contrarie pas la règle, abrogée
seulement sous Justin.en, d'après laquelle une
obligation ne pouvait peser sur l'héritier, si elle
n'avait pas grevé son auteur. Les jurisconsultes
romains considéraient le donateur qui avait promis *mortis causa,* comme s'étant obligé pour le
moment de sa mort. Par ce moyen, la donation à
cause de mort put revêtir la forme d'une stipulation ; il n'y a pas de motif, pour qu'il en soit autrement de la donation entre époux, une fois assimilée aux donations à cause de mort.

Malgré la précision, avec laquelle Ulpien étend
à toute espèce de donations la réforme du sénatus-
consulte, plusieurs commentateurs (1) n'ont pas
admis cette extension, parce que notre jurisconsulte rapporte l'opinion de Papinien, en l'approu-
vant (2). Or, nous savons que Papinien limite
aux « *rerum donationes* » l'effet du sénatus-consulte. Comment comprendre qu'Ulpien, après
avoir proposé l'interprétation la plus extensive
qu'on puisse imaginer, approuve la décision si
restrictive de son prédécesseur ?

_______________

(1) Vangerow Lehrb. I, 225 ; Maynz, III, 56, note 23.
(2) L. 23, D. de don. int. vir. et ux.

Tout peut s'expliquer (1), si l'on se rappelle la fameuse constitution de Théodose, proscrivant les notes critiques de Paul et d'Ulpien sur les œuvres de Papinien, pour assurer la prépondérance de ce dernier, parmi les cinq jurisconsultes, dont les écrits reçoivent force législative. Aussi est-il très vraisemblable qu'Ulpien, bien loin d'approuver dans notre matière la doctrine de Papinien, qui contredit la sienne, la rapportait pour la critiquer ; mais les rédacteurs des Pandectes, impressionnés par la Constitution de Théodose, ont intercalé sans réflexion les mots « *recte putabat* », pour faire disparaître toute critique à l'adresse de Papinien. Ce qui justifie cette conjecture, c'est l'emploi du passé : « *putabat* », alors qu'Ulpien se sert uniformément du présent en parlant de Papinien (2).

En résumé, si Papinien faisait triompher l'interprétation littérale et rigoureuse de l'*Oratio* ; Ulpien, malgré l'approbation que les rédacteurs des Pandectes lui font donner à la doctrine de son

---

(1) Certains commentateurs tranchent la difficulté, en supposant deux sénatus-consultes, rendus l'un sous Septime Sévère, l'autre sous Antonin Caracalla. Nous avons expliqué pourquoi notre sénatus-consulte est attribué tantôt à l'un, tantôt à l'autre des deux empereurs, et repoussé la conjecture d'un double sénatus-consulte, faute de texte qui fasse la moindre allusion à cet égard.

(2) Sic. Machelard. Textes 3ᵉ part. p. 281 ; Accarias I, p. 813, note 3.

prédécesseur, acheva l'œuvre du sénatus-consulte, en l'appliquant à toutes les donations possibles entre époux (1).

Quel fut l'effet de cette assimilation de toutes les donations entre époux aux donations à cause de mort? On peut le résumer dans la formule suivante : toute donation entre époux est valable, pourvu que le donateur ne révoque pas sa libéralité et meure avant le donataire.

De même qu'un donateur à cause de mort, l'époux donateur a le *jus pœnitendi*, et peut rétracter sa libéralité sans indiquer de motif. Peu importe qu'il ait méconnu pour un temps ses intentions bienfaisantes, pourvu qu'à ses derniers moments, il soit revenu à sa volonté de donner. Pour empêcher l'effet de la libéralité, il faut une « *pœnitentia suprema* » (2), qui ne puisse pas faire l'objet d'un doute.

La donation entre époux ne partage pas seulement, avec la donation à cause de mort, son caractère de révocabilité au gré du disposant ; ce trait la rapproche encore du fidéicommis et du legs. Toutes ces dispositions sont caractérisées par les textes d' « *ambulatoria usque ad vitæ supre-*

_________

(1) La doctrine d'Ulpien fut confirmée par un rescrit d'Alexandre Sévère.

(2) L. 32, § 3. D. de donat. int. vir. et uxor.

*mum exitum* ». Toutefois, il y a lieu d'indiquer entre la révocation des donations à cause de mort ou entre époux d'une part, et celle des legs ou des fidéicommis d'autre part, d'importantes différences.

Les héritiers du conjoint donateur n'ont pas besoin de recourir à une exception, pour repousser les prétentions du donataire en cas de *pœnitentia*. A défaut de persévérance de volonté chez le donateur, le droit du donataire est considéré comme non avenu. Au contraire en cas de legs, c'est habituellement par voie d'exception, que le changement de volonté du testateur est invoqué par ses héritiers : à moins d'une révocation exprimée par testament dans la forme voulue, le legs subsiste, sauf pour l'héritier institué, la ressource de l'exception de dol (1).

On n'exige pas plus en matière de donations entre époux, qu'en matière de legs, une révocation expresse : la *pœnitentia* du disposant peut s'induire de certains faits, qui manifestent de sa part un changement de volonté. Mais on n'interprète pas ces faits de la même manière dans les deux cas, et on présume plus facilement la *pœnitentia* en matière de donations entre époux. Ainsi, toute

_______________

(1) Ulp. Reg. T. 24. § 29.

aliénation des objets donnés, faite par le donateur, entraîne la révocation des donations entre époux (1) ; tandis qu'en matière de legs, l'aliénation doit avoir eu lieu *adimendi animo*, pour emporter révocation (2).

D'autre part, le divorce n'entraîne pas nécessairement *ademptio* des legs : c'est une question de fait à trancher suivant les circonstances (3) ; mais, pour le maintien en cas de divorce des donations entre époux faites antérieurement, il faut que le donateur se soit formellement expliqué à cet égard (4).

Telles sont les trois différences caractéristiques, qui distinguent la révocation des donations entre époux de celle des legs.

Quant à l'hypothèque constituée par l'époux donateur sur la chose donnée, elle n'a pas pour le donataire les conséquences rigoureuses de l'aliénation (5). Le fait de maintenir la femme en possession implique, chez le mari donateur, une persistance d'intention libérale. Dans ce cas, la femme peut conserver la chose donnée, à condition qu'elle

---

(1) L. 12, C. de Don. int. vir. et ux.
(2) § 12, Instit. de legatis, 2-20.
(3) L. 3, D. de aur. arg. 34-2.
(4) L. 32, § 10, D. de don. int. vir et ux.
(5) L. 32, § 5, ibid.

désintéresse le créancier hypothécaire. Le bénéfice de cession d'actions la fera rentrer dans ses déboursés. Mais si, au contraire, la possession de la chose avait été enlevée à la femme, il y aurait lieu, de considérer la constitution d'hypothèque, comme l'exercice du *jus pœnitendi*.

A l'absence de révocation doit s'ajouter, pour la validité des donations entre époux, le prédécès du donateur.

Que décider, quand les deux époux périssent ensemble dans un même évènement : naufrage, incendie, inondation, et qu'il est impossible de déterminer l'ordre des décès ? Faut-il maintenir ou annuler la donation ?

En matière de donations à cause de mort, les jurisconsultes se prononcent dans l'hypothèse des *comorientes*, en faveur de la donation : cette solution s'explique par ce fait, que la propriété étant le plus souvent transférée au donataire dès l'instant de la donation, c'est aux héritiers du donateur, qui veulent déranger l'état de choses établi, à prouver leur droit, en démontrant la survie de leur auteur. Or, comme cette survie est dans l'espèce impossible à prouver, la donation sera maintenue.

Mais nous avons vu, qu'en matière de donations entre époux, le donateur était impuissant à opérer

une translation de propriété, dès l'instant de la
donation. Dès lors, ce devrait être aux héritiers
du donataire à prouver leur droit, en démontrant
le prédécès du donateur. La preuve étant supposée
impossible, la donation serait annulée.

Pourtant les textes admettent, dans l'hypothèse
des *comorientes*, la validité des donations entre
époux, comme celle des donations à cause de
mort (1); les jurisconsultes ne veulent pas déroger à l'assimilation de ces deux actes, et s'en ré-
fèrent aux termes de l'*Oratio*, qui exige, pour la
nullité de la donation entre époux, le prédécès du
donateur.

Le maintien de la donation est encore prononcé, dans un cas analogue à celui des *comorientes* :
celui où les deux époux sont emmenés ensemble
en captivité chez l'ennemi (2). On assimile cet
évènement au décès, sans tenir compte de l'ordre
dans lequel se produira la mort naturelle des deux
époux : c'est une application de la loi Cornelia (3),
qui règle toutes les questions relatives à la succession du citoyen romain fait prisonnier, comme s'il
était mort au moment où la captivité a commencé.

------------

(1) L. 26, D. de mort. caus. donat. -- L. 32, § 14, D. de d. int vir. et
ux. — L. 8, D. de reb. cred. 34 5.
(2) L. 32, § 14, D. de don. int. vir. et ux.
(3) L. 18, D. de Capt. et Postlim., 19-15.

Mais cette fiction de la loi Cornelia, avantageuse pour le prisonnier de guerre, ne s'applique pas à celui qui devient esclave d'un particulier, ni à celui qui encourt l'esclavage de la peine (1). Si l'on suppose l'époux donateur, tombant dans l'une ou l'autre de ces deux situations, il ne meurt pas, comme le prisonnier de guerre, dans l'intégrité de ses droits ; ses dernières volontés ne sont pas respectées et les donations, qu'il a faites à son conjoint, tombent, faute de capacité, au moment de son décès. Au *servus pœnœ*, il faut assimiler celui qui a échappé à la condamnation par un suicide, ou dont la mémoire est condamnée pour crime de haute trahison : les libéralités, faites à son conjoint, sont anéanties, à l'instar de toutes ses dispositions à cause de mort (2).

_____________

(1) L. 32, § 6, D. de don. int. vir. et ux.
(2) L. 32, § 7, D. de don. int. vir. et ux.

# CHAPITRE III

DES RÉFORMES DE JUSTINIEN.

Depuis que la doctrine d'Ulpien avait généralisé la réforme du sénatus-consulte rendu sous Septime Sévère, la donation entre époux pouvait se former, par tous les modes admis pour la donation à cause de mort. La confirmation par le prédécès du conjoint donateur, resté fidèle à ses intentions libérales, s'appliquait aussi bien, aux donations faites par voie de promesse, de remise de dette, de délégation, qu'aux donations réalisées par voie de dation.

Les choses en restèrent là, tant que la donation entre vifs exigea, comme la donation à cause de mort, une dation, une promesse, une remise de dette ou une délégation. Mais quand Justinien décida, que la donation entre vifs pourrait se former par simple pacte, on se demanda, si la donation entre époux, resterait assujettie aux règles des donations à cause de mort, ou profiterait de la réforme introduite pour les donations entre vifs. Le barreau d'Illyrie, ayant soulevé la question, Justinien rendit une constitution qui forme la Novelle

162. Désormais la donation entre époux n'exige plus, comme la donation à cause de mort, une promesse, une tradition ou un autre acte juridique ; elle peut se former par simple pacte. Cette décision ne fait qu'appliquer la doctrine d'Ulpien dans ses dernières conséquences : la donation non exécutée, mais simplement promise, obligeait les héritiers du donateur ; désormais une promesse n'est même plus nécessaire ; la simple convention est devenue génératrice d'obligation, et permet à l'époux donateur de poursuivre les héritiers de son conjoint.

Susceptible de se former par simple convention, la donation entre époux est soumise par contre à une exigence nouvelle, empruntée aux règles des donations entre vifs : Justinien l'assujettit à l'insinuation. Cette formalité consiste dans la copie ou dans la simple analyse de l'acte de donation, sur les registres du magistrat supérieur ou du juge local. Elle n'est exigée sous Justinien, que pour les donations supérieures à cinq cents solides.

Quelles sont, en matière de donations entre époux, les conséquences du défaut d'insinuation ? La sanction est des plus rigoureuses ; toute libéralité entre époux, supérieure à cinq cents solides, et non insinuée, retombe sous l'empire du droit antérieur à l'*Oratio Severi* : elle est nulle, si elle n'a pas été expressément confirmée par un acte de dernière volonté : institution d'héritier, legs ou donation *mortis causa*. On ne tient compte de l'intention persévérante du donateur, que s'il a eu soin de recourir à une disposition à cause de mort.

Mais, si l'insinuation est accomplie, la donation entre époux n'exige plus une confirmation expresse ; elle est susceptible, comme sous l'empire du sénatus-consulte, de confirmation tacite, avec cette différence, que le prédécès du donateur, resté fidèle à sa libéralité, la fait toujours remonter au moment de l'insinuation. Nous avons vu que, sous l'empire du sénatus-consulte, le prédécès du donateur opérait sans effet rétroactif, à moins que l'époux donateur n'ait voulu réaliser, au moment de la donation, une translation de propriété immédiate. Sous Justinien, pourvu que la formalité de l'insinuation soit accomplie, le prédécès du donateur agit rétroactivement dans tous les cas, sans égard à l'intention de l'époux donateur.

La même solution doit être donnée, pour la donation soustraite à l'insinuation par suite de sa modicité ; elle est susceptible de confirmation tacite ; et son effet, subordonné au prédécès du donateur, remonte au jour de la convention.

Telles sont, dans leurs grandes lignes, les réformes de Justinien. Terminons par l'indication de quelques modifications de détail.

Nous avons vu, dans le droit classique, la condamnation de l'époux donateur à l'esclavage de la peine, faire tomber les libéralités, dont il a gratifié son conjoint. Constantin décida, au contraire (1), que ces donations seraient confirmées en pareil cas, comme si le donateur fût décédé naturellement. Dans la même Constitution, l'empereur Constantin, au cas de condamnation à la déportation, écarte les droits du fisc, au profit du conjoint, que l'époux condamné aurait gratifié. Justinien reproduit cette Constitution. Il insère cependant aux Pandectes (2) les textes de l'époque classique, qui annulent les donations entre époux, au cas de suicide de l'époux donateur voulant échapper à une condamnation capitale, et au cas où la mémoire du donateur a été flétrie pour crime de haute trahison. Faut-il, dans le droit de Justinien, limiter le bénéfice de la Constitution de Constantin au cas de condamnation effective, et non aux deux autres hypothèses que nous avons citées ? Il n'y a aucune bonne raison de faire cette distinction ; et l'on ne peut attribuer qu'à une inadvertance, l'insertion aux Pan-

---

(1) L. 24, C. de Donat. int. vir. et uxor.
(2) Notamment dans la L. 32, § 7, D. de donat. int. vir. et uxor.

dectes, des textes classiques qui viennent d'être rappelés.

Si nous passons à un ordre d'idées tout différent, nous savons que dans le droit classique, par suite de l'unité du patrimoine familial, la prohibition des donations entre époux se trouvait étendue aux personnes en communauté de biens avec l'un des conjoints. Sous Justinien, les biens des personnes en puissance ne sont plus concentrés entre les mains du chef de famille, qu'au point de vue de l'usufruit. De là d'importantes conséquences. Si l'on suppose, par exemple, une donation faite par la femme, au frère du mari, resté comme lui *in potestate soceri*, appliquera-t-on les règles des donations entre époux, ou celles des donations ordinaires ? Il faut, sans hésiter, appliquer les règles des donations ordinaires, car, l'usufruit du *socer* sur les biens donnés, étant destiné à s'éteindre à sa mort, le mari ne profitera en rien des biens donnés. Si c'est une mère, qui donne à son fils en puissance, c'est seulement quant à l'usufruit, qu'il y aura lieu d'appliquer les règles des donations entre époux ; quant à la nue propriété, la libéralité sera traitée comme une donation ordinaire.

# DE LA RESTITUTION DE LA DOT PENDANT LE MARIAGE

Jusqu'à une époque assez avancée, la restitu- tion de la dot fut inconnue à Rome. Tant que le divorce n'entra pas dans les habitudes, cet état de choses offrait peu d'inconvénients. Le mariage se dissolvait-il par la mort de la femme : il était juste que le mari gardât la dot, pour subvenir à l'entretien et à l'éducation des enfants. Était-ce le mari qui prédécédait, sa succession assurait le sort des enfants, et, comme il était d'usage, qu'en compensation de la dot, le mari fit un legs à sa femme, celle-ci n'avait à redouter ni la misère, ni le risque de ne pouvoir, faute de dot, contrac- ter une nouvelle union.

La pratique du divorce vint modifier cette situa- tion. Privée de sa dot, la femme divorcée perdait toute chance de remariage, au grand détriment de l'intérêt social : de là, l'usage des *cautiones rei uxoriæ*, ou promesses de restitution de la dot pour le cas de divorce. Plus tard les *cautiones* furent sous-entendues : le seul fait du divorce ren- dit la restitution obligatoire et pourvut la femme d'une action à l'effet d'obtenir cette restitution.

Le prédécès du mari fut assimilé au divorce, avec cette différence, que la femme ne pouvait cumuler le bénéfice du legs fait par le mari et la reprise dotale.

Si la femme, en cas de divorce ou de prédécès du mari, peut exiger la restitution de la dot, il n'en est pas de même au cours du mariage. Cette prétention serait contraire à la nature et au but de la dot : le mari ne peut en être privé, tant qu'il doit supporter les charges de l'union conjugale. Le principe ne souffre qu'une seule exception : c'est le cas d'insolvabilité du mari ; la femme est alors investie d'une *actio utilis quasi facto divortio*, pour obtenir ce qu'un divorce véritable la mettrait en droit d'exiger.

Laissons de côté le cas de restitution forcée, pour aborder l'objet spécial de notre étude : l'hypothèse d'une restitution de dot volontairement consentie par le mari au cours du mariage. Une Constitution des empereurs Honorius et Théodose, insérée au Code (1), résume sur ce point plusieurs textes de l'époque classique : « Si, durant le mariage, la dot a été restituée par le mari à la femme, sans cause légitime, cette restitution ne peut être maintenue d'après les lois, parce qu'elle est regardée comme une donation ».

_______________

(1) L. unic., C. si dos const. matr. sol. fuerit. 5-19.

À prendre ce texte au pied de la lettre, la défense, faite au mari de restituer la dot au cours du mariage, se rattacherait à la prohibition des donations entre époux, et en formerait en quelque sorte le corollaire. Ce point de vue, admis par plusieurs interprètes, ne peut nous satisfaire : nous chercherons à démontrer, que, loin d'être en présence d'une prohibition unique, nous sommes en face de deux prohibitions distinctes par leur but, leurs conséquences et les exceptions qu'elles comportent.

En développant la théorie des donations entre époux, nous avons écarté toute règle prohibitive en ce qui concerne les intérêts ou les revenus : nous citions, en faveur de cette solution, le texte de Modestin qui valide entre époux une remise d'intérêts (1) ; celui d'Ulpien, qui laisse aux mains de l'époux donateur les fruits des biens donnés (2).

Au contraire, toute restitution anticipée de la dot est interdite, même quant aux revenus et aux intérêts : le mari ne peut abandonner à la femme la simple jouissance de la dot ; il ne peut lui faire remise des intérêts d'une dot promise ; il a droit, en même temps qu'il réclame le capital d'une dot indûment restituée, à exiger les revenus (3).

---

(1) L. 23. D. de Donat.
(2) L. 17. D. de don. int. vir. et ux.
(3) L. 20, C de jure dot. 5-12. — L. 21, § D. de don. int. vir. et ux.

Comment expliquer ce contraste, si la défense de rendre la dot avant terme n'a pour seule raison d'être que la prohibition des donations ?

Nous avons montré, que le paiement d'une dette non échue, ne constituait pas une donation prohibée entre époux. Or, la restitution anticipée de la dot n'est-elle pas souvent le paiement d'une dette non échue ? Chaque fois que le mariage est dissous pour une cause autre que son prédécès, la femme acquiert le droit de réclamer sa dot, et, si une restitution anticipée lui a été faite, ce n'a été que le paiement avant terme d'une dette devenue exigible. Et pourtant, sans égard à la règle admise en matière de donation, les textes permettent au mari de répéter avant la dissolution du mariage la dot prématurément restituée, au risque de rendre plus tard ce qu'il reprend. Nouveau contraste entre l'interdiction des donations, et la défense de restituer la dot pendant le mariage.

Comment expliquer cette défense, si la règle prohibitive des donations n'en donne qu'une explication manifestement insuffisante ?

Beaucoup d'auteurs invoquent la destination de la dot. Il faut que la dot reste aux mains du mari, pendant tout le cours du mariage, pour assurer la subsistance de la famille et l'entretien de la vie domestique. Ainsi s'explique l'étendue plus large de notre prohibition, comparée à celle des donations : si les fruits et les revenus de la dot sont insusceptibles de restitution anticipée, c'est qu'ils ne doivent pas plus que le capital, être soustraits à leur destination.

Ce nouveau motif, supérieur au précédent, nous semble encore insuffisant, et ne rend pas compte d'un texte important, que nous allons citer, pour en déduire la troisième et décisive raison d'être de notre prohibition.

Le texte, dont nous voulons parler (1), indique dans quels cas exceptionnels, la dot peut être valablement rendue à la femme au cours du mariage : pour lui permettre de payer ses dettes « *ut æs alienum solvat* » ; d'acheter un immeuble avantageux « *ut fundum idoneum emat* » ; de secourir ses proches ou de les racheter de captivité « *ut liberis ex alio viro egentibus, aut fratribus, aut parentibus consuleret, vel ut eos ex hostibus redimeret* ».

Comment justifier ces cas exceptionnels de restitution valable, si l'on ne rattache notre prohibition qu'à la destination de la dot ? La dot n'est-

---

(1) L. 73, § 1, D. de Jure Dotium. 23-3.

elle pas détournée de son but, toutes les fois qu'elle est rendue avant la dissolution du mariage, même dans les circonstances particulières qui viennent d'être signalées ?

Toute difficulté disparaît, si l'on voit, dans la défense de restituer la dot pendant le mariage, une règle principalement inspirée par l'intérêt personnel de la femme. La loi romaine, si vigilante, pour garantir à la femme la conservation de sa dot, et lui assurer la possibilité d'un nouveau mariage, ne voulait pas, qu'une dot restituée avant terme fût abandonnée sans motif à la prodigalité de la femme, pour être dissipée en dépenses plus ou moins frivoles. Ce danger n'est pas à craindre, dans les hypothèses exceptionnelles, où la restitution avant terme est déclarée valable. Il ne peut être question de prodigalités, quand la remise a pour but de payer les créanciers de la femme, ou de lui procurer un immeuble avantageux. S'agit-il pour elle de pourvoir à ses besoins et à ceux des siens, de secourir la misère de ses proches ou de les racheter de captivité, ce sont encore des dépenses auxquelles la frivolité est étrangère, et la loi fléchit pour des raisons d'humanité.

En résumé, nous ne repoussons absolument

aucun des motifs proposés (1), pour justifier la prohibition d'une remise anticipée de la dot, mais
l'intérêt personnel de la femme nous semble la
raison prépondérante, qui rend un compte également exact du principe et des exceptions.

Ce point élucidé, recherchons les conséquences
de notre prohibition.

Le mari peut répéter ce qu'il a prématurément
restitué (2) : capital et intérêts. Cette répétition a
lieu soit avant, soit après la dissolution du mariage ; pourvu, dans ce dernier cas, que la dot
doive rester au mari, par suite du prédécès de la
femme survenu *in matrimonio*.

Le mari est-il libéré vis-à-vis de la femme, s'il
s'abstient de répéter la dot remise avant terme ?
La restitution anticipée le met-elle à couvert de
toute poursuite, au moment de la dissolution du
mariage ?

Il faut nous rappeler ici que la raison d'être
unique, et même principale de notre prohibition.
ne repose pas sur l'intérêt du mari, mais sur l'in-

----

(1) Hasse (Zeitschrift für Gesch. Rechtswiss. t. V, p. 311 à 337) et Glück
(Pand. 28, p. 233) rattachent notre prohibition à celle des donations
entre époux.

M. Pellat (Textes sur la Dot, p. 339 et suiv.) et M. Accarias (op.
cit. II, p. 1047), l'expliquent par la destination de la dot.

(2) Il en est de même du mari donateur. Ce point de contact entre
les deux prohibitions explique pourquoi les textes les rapprochent
à plusieurs reprises. Il va sans dire que la répétition du mari donateur
est restreinte au capital.

térêt de la femme, étroitement lié à celui de la société. La loi romaine, inspirée par des considérations politiques, veut faciliter le remariage de la femme, et prend, à cet effet, les mesures les plus énergiques, pour empêcher la dissipation de la dot. Voilà pourquoi, par crainte des prodigalités de la femme, la loi défend au mari toute restitution avant terme, sauf dans quelques circonstances particulières, où le danger redouté ne se présente pas.

Mais cette défense, à laquelle s'attache, nous venons de le voir, un intérêt social, serait dépourvue d'une efficacité sérieuse, si le mari pouvait impunément la violer, sans s'exposer à aucun préjudice personnel. L'éventualité d'une seconde restitution le rendra plus circonspect, et lui fera éviter toute restitution consentie à la légère. Aussi croyons-nous, qu'en s'abstenant de répéter une dot rendue avant terme, le mari n'en reste pas moins exposé aux poursuites de la femme.

Deux textes décisifs d'Ulpien fortifient notre solution. Dans l'un (1), Ulpien, prévoyant le prédécès de la femme survenu *in matrimonio*, décide que le mari devra contribuer avec les héritiers de la femme aux frais funéraires. Il n'en sera

______

(1) L. 27, § 1. D. de religionis. 3-44.

dispensé que dans les cas exceptionnels où il a pu rendre valablement la dot au cours du mariage; une restitution indùe ne l'empêcherait pas de devoir, concurremment avec les héritiers, les frais de sépulture.

Dans le second texte (1), Ulpien détermine l'effet du *legatum dotis*, par lequel le mari lègue à sa femme ce qu'elle lui a apporté en dot. L'action, née du legs, procurera à la femme tout ce qu'elle était en droit d'obtenir par l'action dotale. Si cette action n'est plus aux mains de la femme, le legs doit être traité comme non avenu faute d'objet. Il en est ainsi, en cas de restitution de la dot, dans les hypothèses exceptionnelles où cette restitution est permise au cours du mariage. Au contraire, en cas de restitution indùe, le legs est valable, parce que l'action dotale subsiste au pouvoir de la femme.

Dans les deux textes que nous venons d'analyser, nous voyons le mari tenu *dotis causa*, malgré une remise prématurée de la dot : c'est bien la preuve décisive, que la femme peut légitimement réclamer sa dot, après la dissolution du mariage, sans tenir compte d'une restitution indùment accomplie.

Ce dernier trait achève la séparation, que nous avons cherché à bien marquer, entre la défense

_______________

(1) L. 7, § 5, D. de dote prælegata. 33-4.

de restituer la dot au cours du mariage, et la prohibition des donations entre époux. La seule conséquence d'une donation faite entre époux au mépris de la loi, c'est de permettre à l'époux donateur de reprendre ce qu'il a donné. Au contraire, une restitution anticipée de la dot n'a pas pour seule conséquence, d'autoriser une répétition du mari ; elle expose celui-ci, s'il néglige de répéter, à une seconde restitution.

# DROIT FRANÇAIS

## DES

# CONTRATS A TITRE ONÉREUX

## ENTRE ÉPOUX

## INTRODUCTION

Nous avons vu triompher dans la législation
romaine le principe de la liberté contractuelle
entre époux. Des textes formels en font l'application, aux contrats les plus usuels et les plus importants : vente (1), société (2), obligation *per
chirographum* (3), *mutuum* (4), gage (5), stipulation d'un *annuum* (6).

C'est le principe opposé, qui domine dans le
droit coutumier de l'ancienne France. La prohi-

---

(1) L. 12. D. 19,5.
(2) L. 16. D. 34.1.
(3) L. 9, § 3. D. 23,3.
(4) L. 28. § 13. D, 24,1.
(5) L. 7, § 6. D. 24,1.
(6) L. 33. D. 24, 1.

bition des contrats entre époux, se rattache à l'une
des plus grandes préoccupations du droit coutumier : le maintien des biens dans la famille. Pour
protéger efficacement les héritiers du sang, le
droit coutumier, ne se contente pas, de défendre
les donations entre époux ; il veut encore prévenir tous les avantages indirects, libéralités déguisées, qui dépouilleraient la famille au profit du
conjoint, et prohibe les contrats à titre onéreux
entre époux.

« Gens mariés, disait la coutume de Normandie (1), ne peuvent céder, donner ou transporter
l'un à l'autre quelque chose que ce soit, ni faire
contrats ou confessions, par lesquels les biens de
l'un viennent à l'autre, en tout ou partie. »

La coutume de Nivernais (2) n'est pas moins
formelle : « gens mariés, constant mariage, ne
peuvent contracter au profit l'un de l'autre ».

La prohibition semble absolue ; elle a pareille-
ment lieu, d'après Pothier (3). dans les coutumes
qui ne s'en sont pas expliquées.

Mais certains textes y apportent déjà, dès l'époque de Dumoulin et de d'Argentré, d'importants
tempéraments. C'est ainsi, que Dumoulin, dans

----

(1) Chap. 15, art. 419.
(2) Chap. 23, art. 27.
(3) Traité des Donat. entre mari et femme, no 78.

son *Commentaire de la Coutume de Paris* (1),
après avoir posé en principe l'incapacité pour les
époux de contracter entre eux pendant le mariage,
permet pourtant les contrats à titre onéreux
nécessaires, comme le partage.

Et d'Argentré, dans son *Commentaire de la
Coutume de Bretagne* (2), en expliquant, que la
prohibition des contrats entre époux a pour but
d'empêcher les biens patrimoniaux de passer
d'une famille dans une au' 'e, prend soin de n'interdire entre époux que les a_iénations volontaires.
Dès l'époque de d'Argentré, rien n'empêchait un
des époux, de se porter adjudicataire d'un immeuble appartenant à son conjoint, en cas d'expropriation forcée.

Certaines coutumes apportaient des dérogations
plus graves au principe de l'incapacité contractuelle entre époux. La coutume de Normandie (3),
premier germe d'une disposition importante de
notre Code Civil, permet au mari d'effectuer le
remploi des immeubles aliénés de sa femme, par
voie de dation en paiement, c'est-à-dire en lui
cédant ses propres immeubles.

---

(1) Sur l'art. 156 de l'ancienne Coutume de Paris n° 3.
(2) « In *Voluntaria* alienatione non est ferendum alteri ab altero
adimi rerum patrimonialium et avitarum potestatem. » (Sur l'art. 221
de la Coutume de Bretagne.)
(3) Art. 411.

La coutume de Bourgogne (1) est plus large encore ; elle permet les contrats entre époux autorisés par leurs héritiers présomptifs. « Le mari et la femme ne peuvent faire traité, donation, confession ou autres contrats constant leur mariage, si ce n'est du consentement des plus proches parents vivants, qui devaient leur succéder. »

C'est encore la préoccupation des héritiers du sang, qui inspire cette disposition originale de la coutume de Bourgogne. Mais à mesure que l'idée coutumière, de la conservation des biens dans la famille, diminue en puissance, la capacité contractuelle entre époux s'élargit ; et, dès le commencement du XVIIIe siècle, nous voyons Lebrun, dans son *Traité de la Communauté* (2), restaurer, pour ainsi dire, le vieux principe romain de la liberté contractuelle entre époux. « Comme il est certain, dit-il, qu'en Droit Romain, une femme pourrait contracter avec son mari, aussi il y a divers cas où cela est permis dans notre Droit. Rien n'empêche, qu'un mari et une femme séparés ne contractent l'un avec l'autre, pourvu qu'ils ne se donnent ni directement, ni indirectement. »

---

(1) Art. 26.
(2) Trait. de la Com. T. 2. Chap. I. Sect. 3, n° 36.

En présence de ce courant marqué, vers l'extension de la capacité contractuelle entre époux, qu'ont fait les rédacteurs du Code Civil? Trouve-t-on dans les travaux préparatoires, quelque principe, quelque déclaration générale, qui vienne ressusciter la prohibition coutumière ? Non, c'est seulement pour la vente, le plus propice de tous les contrats à dissimuler une donation, que les rédacteurs du Code Civil prononcent une interdiction formelle. Ni Portalis dans son Exposé des Motifs au corps Législatif (1), ni Faure dans son Rapport au Tribunal (2), ni Grenier dans son Discours au Corps Législatif (3), ne font la moindre allusion aux contrats autres que la vente. Ils semblent tous préoccupés d'empêcher entre époux les donations déguisées ; et, c'est ce motif, qu'ils proposent à l'unanimité, pour justifier la prohibition de la vente, qui se prête mieux que tous les contrats, à masquer des libéralités.

Aussi le texte de l'art. 1595 est-il formel, et correspond-il exactement à la pensée de ses rédacteurs, en n'interdisant que la vente. La dation en paiement, qui n'est qu'une vente en dernière ana-

---

(1) Locré T. 14. — VIII. n° 15.
(2) Locré T. 14. — IX, n° 13.
(3) Locré T. 14. — X, n° 14.

lyse, et l'échange, assujetti aux règles de la
vente, sont prohibés du même coup.

Quant aux autres contrats, ou bien le législateur a pris soin de les autoriser formellement,
comme le mandat (1), l'acceptation du remploi (2),
le rétablissement de la communauté après la
séparation de biens (3), et même, la dation en
paiement, dans certains cas limitativement indiqués (4) ; ou bien le législateur les a passés sous
silence. Il faudra déterminer pour cette troisième
catégorie de contrats, s'il y a lieu d'appliquer la
prohibition qui frappe la vente, ou de faire
triompher la liberté.

En examinant ces deux dernières classes de
contrats entre époux : ceux que la loi autorise,
et ceux qu'elle passe sous silence, il faudra se
préoccuper d'une importante règle, restrictive de
la capacité contractuelle entre époux : l'immutabilité des conventions matrimoniales (5). Il ne
s'agit plus ici, d'une prohibition comme celle de
la vente, qui frappe tel ou tel contrat déterminé ;
ce que la loi interdit aux époux, ce n'est pas d'ac-

______

(1) Art. 1577 et 1420.
(2) Art. 1435.
(3) Art. 1451.
(4) Art. 1595.
(5) Art. 1395.

complir des opérations juridiques d'une certaine
nature, mais c'est de modifier leur pacte matrimonial, quel que soit du reste le procédé employé
pour réaliser cette transformation.

Ce principe essentiel de l'immutabilité des conventions matrimoniales devra être sauvegardé,
tant dans les contrats formellement autorisés
entre époux, que dans ceux dont la loi n'a pas
parlé. Car même une opération, expressément permise, peut être frappée de nullité comme modifi-
cative du contrat de mariage, puisque cette nullité
ne tient pas à la nature de l'acte, mais au but
poursuivi par les parties.

Quant aux contrats passés sous silence, il va
sans dire que, même si on les soustrait à la prohibition qui frappe la vente, on leur appliquera,
s'il y a lieu, la nullité qui dérive de l'immutabilité
des conventions matrimoniales.

Nous passerons en revue tour à tour les contrats
entre époux que la loi prohibe, ceux qu'elle permet et ceux qu'elle passe sous silence.

Nous savons déjà, que la première catégorie
comprend seulement la vente, et deux contrats
équipollents à la vente : la dation en paiement et
l'échange.

La seconde catégorie embrasse certains cas limitativement indiqués de dations en paiement, l'ac-

ceptation du remploi, le rétablissement du contrat de mariage après la séparation de biens, le mandat. Dans toutes ces matières, le principe de l'immutabilité des conventions matrimoniales devra être consulté, quand il y aura incertitude sur les limites fixées par la loi à la liberté de contracter.

Enfin, pour les contrats passés sous silence, une double question devra être tranchée. Faut-il leur appliquer la prohibition qui frappe la vente, et, en cas de négative, dans quelle mesure doit-on tenir compte du principe de l'immutabilité des conventions matrimoniales ?

# CHAPITRE I

## LES CONTRATS PROHIBÉS ENTRE ÉPOUX

### 1⁰ La vente

Le motif principal de la prohibition de la vente
entre époux, a été la crainte des donations déguisées. « Entre personnes si unies, disait Portalis, il
serait bien à craindre, que la vente ne masquàt
presque toujours une donation (1). » —

« Sans cette précaution, disait à son tour le
tribun Faure (2), en vain la loi des donations aurait fixé ce que les époux peuvent se donner ; elle
serait trop facilement éludée. »

Ce qui justifie les appréhensions du législateur, et fait de la vente le plus propice de tous les
contrats à dissimuler une donation, c'est le rôle
différent, que jouent les deux parties dans la
vente, l'une livrant une chose en nature, l'autre
payant un prix en argent. Comme le défaut de
numération des espèces est impossible à prouver,

_______________

(1) Exposé des mot. au Corps légis. Locré T. 14. — VIII, n· 15
(2) Rapport au Tribunat. Locré, T. I. — IX, n· 13.

il suffirait d'insérer, dans l'acte de vente, une quittance mensongère du prix, pour faire une libéralité ayant toutes les apparences d'un contrat à titre onéreux.

La loi prévient la fraude, en prohibant la vente, et protège ainsi, d'un seul coup, les époux eux-mêmes contre des libéralités irrévocables, leurs héritiers réservataires contre des libéralités irréductibles, leurs créanciers et leurs héritiers, même non réservataires, contre des ventes simulées, faites par un époux à l'autre, pour soustraire ses biens à l'action de ses créanciers ou pour dépouiller ses héritiers.

C'est à ces trois catégories de personnes que la loi ouvre l'action en nullité : à l'un et à l'autre des époux ; à leurs héritiers, qu'ils aient droit ou non à une réserve ; à leurs créanciers. Comme c'est une nullité fondée sur l'incapacité, l'aliénation est susceptible de confirmation, et l'action en nullité se prescrit par dix ans.

Pour quelques auteurs (1), la théorie, qui vient d'être exposée, n'aurait pas une portée aussi générale. Sans doute, si c'est vraiment une vente que les parties ont entendu faire, l'opération est nulle, et l'action en nullité est ouverte aux époux, à

_______________

(1) Toullier, T. 12, p. 41. — Troplong, vente I, p. 183.

leurs héritiers, à leurs créanciers. Mais, si c'est une donation, que les époux ont voulu faire, l'opération valant comme donation déguisée sera simplement révocable, et nulle dans les limites restreintes de l'art. 1099, qui suppose une pensée de fraude dans le but d'excéder la quotité disponible. Il en résultera que l'époux donateur et ses héritiers réservataires se trouveront seuls protégés. Les créanciers, antérieurs à l'acte, auront la ressource de l'action Paulienne (1), dont les conditions sont plus rigoureuses, que celles de l'action en nullité fondée sur l'art. 1595. Quant aux créanciers postérieurs à l'acte, et aux héritiers non réservataires de l'époux donateur, ils seront désarmés.

Cette théorie suppose admis le système de la jurisprudence sur la validité des donations déguisées (2). Mais d'après les motifs mêmes invoqués par la jurisprudence, une donation déguisée ne peut valoir, qu'à condition d'être dissimulée par un contrat à titre onéreux autorisé. L'apparence ne peut sauver la réalité qu'à condition d'être permise. Or la vente entre époux se trouve prohibée par l'art. 1595; elle est donc impuissante à couvrir une donation (3).

---

(1) Art. 1167.

(2) Cas. 25 juillet 1876, S. 78, 1, 291.

(3) Dans le même sens, Aubry et Rau, IV, p. 352, note 32, Guillouard, vente I, p. 179, n. 165.

Cet argument décisif nous fait persister dans notre interprétation, qui donne, dans toute hypothèse de vente entre époux, l'action en nullité de l'art. 1595, aux deux parties contractantes et indistinctement à tous leurs ayant cause.

La prohibition, qui frappe la vente, s'applique-t-elle à l'adjudication par suite d'expropriation forcée ? L'immeuble d'un des époux est exproprié à la requête de ses créanciers ; l'autre époux se porte adjudicataire ; quel sera le sort de l'adjudication prononcée à son profit? On ne pourrait pas, pour valider l'opération, dire avec Troplong (1), que nous ne sommes pas en présence d'une vente entre époux, et que ce sont plutôt les créanciers saisissants qui sont les vendeurs. Ce motif est sans valeur, car c'est toujours le saisi qui est le vendeur : les créanciers saisissants ne font que provoquer la vente du chef de leur débiteur. Mais il y a, en faveur de la solution proposée par Troplong, d'autres raisons plus décisives. Dans l'ancien droit, la vente volontaire était seule interdite entre époux : d'Argentré prend soin de le préciser (2), quand il explique le motif de la prohibition. Les rédacteurs du Code civil n'ont pas entendu

---

(1) Vente I, n· 178, note 2.
(2) Sur l'art. 221 de la coutume de Bretagne.

aggraver l'interdiction de l'ancien droit, puisqu'ils ont soin de n'employer dans l'art. 1595 que le mot vente, et non celui d'adjudication comme dans l'art. 1596. Enfin pourquoi prohiber l'adjudication, qui ne peut ni déguiser une donation, ni porter préjudice aux créanciers, et qui permet au ménage de conserver un immeuble auquel s'attachait peut-être un intérêt d'affection (1)?

---

(1) Dans le même sens, Guillouard, Vente I, p. 162, n° 148.

L'art. 1595, le même qui prohibe la vente entre époux, leur interdit une opération voisine de la vente : la dation en paiement. C'est l'acte par lequel un débiteur, du consentement de son créancier, lui donne en paiement une chose autre que celle qu'il a promise. Quand la dette a pour objet une somme d'argent, la dation en paiement présente une analogie frappante avec la vente : si l'on décompose l'opération, le débiteur a vendu sa chose au créancier, et deviendrait à son tour créancier du prix, sans la compensation, qui a éteint du même coup sa créance et sa dette.

C'est à cause de la similitude des deux actes, que l'art. 1595 réunit, dans une même prohibition, la dation en paiement et la vente entre époux. Quoique la dation en paiement ne soit pas formellement interdite, elle est comprise dans la nullité qui frappe la vente, puisque les trois exceptions, apportées à la règle de la prohibition, sont des cas de dations en paiement.

Nous verrons en effet, qu'à la différence de la vente, la dation en paiement n'est pas toujours défendue entre époux : dans trois cas, le législateur fait fléchir la prohibition. Pour la vente, la loi est uniforme, parce que le danger redouté se présente dans toutes les ventes. Pour la dation en paiement, la loi n'est pas si rigoureuse : elle l'autorise dans certains cas limitativement indiqués, où la dation en paiement entre époux se trouve assez justifiée par elle-même, pour qu'il y ait lieu d'écarter tout soupçon de libéralité déguisée.

C'est ce que nous constaterons, en commençant l'examen des contrats permis entre époux, par les trois cas de dations en paiement, exceptionnellement soustraites à la prohibition de l'art. 1595.

### 3° L'Échange

La nullité, qui frappe la vente entre époux et
la dation en paiement, doit-elle être étendue à
l'échange? Sans doute, il faut reconnaître que
l'échange ne se prête pas aussi facilement que la
vente, à cacher des libéralités. Les fraudes à
l'égard des créanciers et des héritiers sont particulièrement à craindre en matière de vente, à
cause du rôle différent joué par les deux parties,
l'une donnant en nature, l'autre en argent. Dans
l'échange une remise simulée offre plus de difficulté, puisque les deux parties livrent en nature.
Mais, comme il est très rare, que les valeurs
échangées, soient parfaitement égales entre elles,
et ne donnent pas lieu à une soulte en argent,
destinée à compenser la différence, on conçoit que
des libéralités cachées puissent se glisser sous
l'apparence d'un échange. Il suffira d'insérer,
dans l'acte d'échange, une quittance mensongère
de la soulte, comme il suffit dans l'acte de vente
d'introduire une quittance mensongère du prix,
pour faire une libéralité, qui aura l'aspect d'un
contrat à titre onéreux.

Aussi, appliquerons-nous, à l'échange entre

époux, le principe général de l'art. 1707, qui transporte, en matière d'échange, toutes les règles prescrites pour la vente (1). Pour que ce texte doive être écarté, il faut un motif puisé dans la nature des choses ; on n'appliquera pas à l'échange la nullité pour cause de lésion, ni l'art. 1593 qui met les frais d'actes et autres accessoires à la charge de l'acheteur, ni l'art. 1602 sur l'interprétation des pactes obscurs contre le vendeur. Mais on ne fait rien de contraire à la nature des choses, en appliquant à l'échange, la nullité qui frappe la vente entre époux : car, si la raison d'être des deux prohibitions n'a pas la même force, la nullité de l'échange entre époux se justifie pourtant par des motifs suffisants.

La question de savoir, si la prohibition de l'échange comporte les exceptions admises en matière de vente, ou plus exactement de dation en paiement, s'est posée en jurisprudence, et trouvera sa solution après l'examen des dations en paiement permises entre époux.

La nullité des contrats équipollents à la vente, dation en paiement et échange entre époux, présente les mêmes caractères que la nullité de la vente entre époux. Toute personne intéressée

---

(1) Sic : Pau, 5 janvier 1885. S. 85, 2, 113. En sens contraire : Planiol. Rev. Crit. 1888, p. 273.

peut intenter l'action en nullité, qui se prescrit
par dix ans comme fondée sur une incapacité.

Il y a lieu de repousser en matière de dation
en paiement d'échange, et pour les mêmes motifs
qu'en matière de vente, le système qui fait
dépendre la nullité de l'intention des parties, et
qui valide l'opération, comme donation déguisée,
quand les époux ont entendu faire une libéralité.

# CHAPITRE II



## LES CONTRATS SPÉCIALEMENT AUTORISÉS
## ENTRE ÉPOUX

### 1° Les Dations en Paiement permises

Les dations en paiement que la loi autorise,
parce qu'elles sont à l'abri de tout soupçon de libéralité déguisée, sont limitativement indiquées par
l'art. 1595, ainsi conçu :

« Le contrat de vente ne peut avoir lieu entre
époux, que dans les trois cas suivants :

1° Celui où l'un des époux cède des biens à
l'autre, séparé judiciairement d'avec lui, en paiement de ses droits.

2° Celui où la cession que le mari fait à sa
femme, même non séparée, a une cause légitime, telle que le remploi des immeubles aliénés,
ou de deniers à elle appartenant, si ces immeubles ou deniers ne tombent pas en communauté.

3° Celui où la femme cède des biens à son mari,
en paiement d'une somme qu'elle lui aurait pro-

mise en dot, et lorsqu'il y a exclusion de communauté.

Sauf dans ces trois cas, les droits des parties contractantes, s'il y a avantage indirect. »

Le premier cas, où l'art. 1595 autorise la dation en paiement, c'est « celui où l'un des époux cède des biens à l'autre, séparé judiciairement d'avec lui, en paiement de ses droits ». Nous sommes dans l'hypothèse d'une séparation de biens judiciaire, et, comme en pareil cas, la dation en paiement est une opération utile et sans danger, le législateur l'autorise. Mieux vaut, que l'époux débiteur cède son bien en paiement à son conjoint, plutôt que de le vendre à un tiers, pour se libérer avec l'argent provenant de la vente.

Rien n'empêcherait les époux de se faire une dation en paiement, avant la séparation de biens, mais sous la condition que la séparation de biens sera prononcée (1). La condition suspensive se confond ici, avec l'évènement qui rend la dation en paiement licite ; si la condition se réalise, la dation en paiement devient du même coup permise.

Dans l'hypothèse d'une vente ou d'une dation en paiement prohibée, l'action en nullité étant ouverte aux créanciers, ceux-ci n'ont aucun inté-

(1) Grenoble, 1er juin 1865. D. 65, 2, 182.

rêt à recourir à l'action Paulienne. Au contraire, dans le cas d'une dation en paiement permise, et spécialement dans le cas d'une dation en
paiement entre époux séparés de biens judiciairement, l'action Paulienne devient la seule ressource des créanciers. Ceux-ci auront à prouver
la fraude, et s'ils réussissent dans cette preuve,
l'acte devra être annulé pour le tout. (1) Il ne suffit
pas d'ailleurs, pour faire triompher les créanciers, que la valeur du bien donné en paiement
soit supérieure à la dette préexistante ; il faut
qu'une intention frauduleuse ait provoqué la dation en paiement. (2)

Le second cas où la prohibition fléchit, c'est, dit
l'art. 1595, « celui où la cession que le mari fait à
la femme, même non séparée, a une cause légitime, telle que le remploi de ses immeubles aliénés,
ou de deniers à elle appartenant, si ces immeubles ou deniers ne tombent pas en communauté ».

Remarquons que ce second cas, à la différence
du premier, est spécial au mari. En cas de séparation de biens judiciaire, la loi ouvre la dation en
paiement à la femme comme au mari. Lorsqu'il
n'y a pas eu séparation judiciaire, la dation en
paiement est réservée au mari, sauf le cas prévu

----

(1) Cas. 18 février 1878. D. 78, 1, 291.
(2) Cas. 22 décembre 1880. D. 81, 1, 156.

par le 3° de notre article, celui d'une femme débitrice d'une somme promise en dot.

La loi ne permet la dation en paiement au mari, que si elle a une cause légitime ; et pour expliquer ce qu'on doit entendre par cause légitime, la loi donne des exemples : « remploi des immeubles aliénés de la femme, ou de deniers à elle appartenant, si ces immeubles ou deniers ne tombent pas en communauté ».

Il y a, en présence de ce texte, deux interprétations qu'il faut soigneusement éviter.

1° On ne peut pas considérer les exemples donnés par la loi comme limitatifs ; ce serait contraire au texte où se trouve insérée à dessein l'expression « telle que » (1).

2° On ne peut pas laisser la légitimité de la cause à l'appréciation du juge : ce serait méconnaître la portée juridique des exemples donnés par la loi (2).

Il faut donc, pour expliquer sainement notre texte, se départir d'une interprétation trop étroite ou trop large, et sans considérer les exemples comme restrictifs, s'en inspirer pourtant, pour rechercher la pensée du législateur.

---

(1) Cas. 1ᵉʳ juillet 1873, S. 73, 1, 320.
(2) Cas. 24 juin 1839, S. 39, 1, 596.

Les exemples donnés prouvent que, par cause légitime de cession, le législateur a entendu une dette préexistante, dont le paiement actuel n'est pas contraire aux conventions matrimoniales; c'est là le caractère commun et essentiel des exemples proposés. La loi s'est placée sous le régime de communauté, et suppose que le mari a cédé un de ses biens à sa femme, pour opérer le remploi d'un immeuble propre aliéné, ou de deniers propres. Ce qui caractérise le remploi d'un propre aliéné, c'est d'être toujours permis, même quand il n'est pas prescrit par le contrat de mariage. Quant à l'emploi des deniers propres, il a pu être stipulé dans le contrat de mariage, imposé par le donateur ou le testateur, de qui proviennent les deniers; et même, en l'absence d'une clause formelle, il reste encore légitime, chaque fois que les deniers constituent ou représentent *ab initio* un capital propre parfait.

L'examen des exemples, choisis par la loi dans l'art. 1595 § 2, nous fournit ainsi un critérium certain pour apprécier la validité des dations en paiement faites par le mari à la femme non séparée. Reste à en faire l'application à différentes hypothèses, dans lesquelles la jurisprudence a eu à se prononcer.

A) Le mari cède un de ses immeubles à sa femme commune en biens, pour opérer le remploi d'un propre aliéné. Est-il nécessaire, pour que cette cession soit conforme à notre art. 1595 § 2, que le contrat de mariage impose au mari le remploi des propres aliénés de la femme ? La Cour de Cassation (1) exige cette condition, malgré le texte qui ne fait aucune distinction, entre le remploi facultatif et le remploi obligatoire. A notre sens, une dette exigible, au sens juridique du mot, n'est pas nécessaire ; il suffit d'une dette dont le paiement immédiat n'est pas contraire aux conventions matrimoniales. Donc le remploi, même non obligatoire, sera une cause légitime de cession.

B) L'emploi des deniers propres de la femme commune en biens suffira-t-il toujours, pour faire rentrer la cession du mari dans le cas de l'art. 1595 § 2 ?

Cette question se trouve liée à une autre plus générale : la légitimité de l'emploi des deniers propres d'une femme commune en biens. Sur ce point, pas de doute possible, en cas de clause formelle du contrat de mariage, ou d'obligation faite par le donateur ou le testateur, de qui proviennent les deniers. Hors de là, c'est le maintien des conventions matrimoniales, qu'il faut assurer ; aussi doit-on tenir compte des droits plus ou moins étendus

_______________

(1) 11 juillet 1888, S. 88, 1, 408. En sens contraire : Bufnoir sous Cas. 15 juin 81, S. 83, 1, 473. Guillouard, Vente I, p. 170, nᵒ 154.

de la communauté, sur les propres mobiliers des époux, suivant qu'on est en présence de choses fongibles ou non. Pour qu'aucune atteinte ne soit portée, au quasi-usufruit de la communauté sur les choses fongibles propres à chaque époux, il faut que les deniers employés constituent ou représentent un capital propre parfait. Tels seraient les deniers provenant de l'aliénation d'un titre de rente propre à la femme. L'emploi de pareils deniers, ne dérogeant pas aux droits de la communauté, tels que le mariage les a fixés, légitimerait une cession du mari à la femme. C'est dans des circonstances de ce genre, que la jurisprudence a plus d'une fois appliqué notre art. 1595 § 2 (1).

C) Quelle serait la valeur d'une dation en paiement, destinée à couvrir la femme dotale, du montant de sa dot et de ses reprises? La Cour de Cassation (2) annule avec juste raison l'opération, mais en invoquant un motif inadmissible déjà signalé : la nécessité d'une dette exigible. La vraie raison, qui justifie la nullité de la cession, ce n'est pas l'absence d'une dette exigible, c'est l'absence d'une dette susceptible de paiement. Tout

---

(1) Voir notamment, Cas. 15 nov. 1859, S. 60, 1, 241 — Chambéry, 21 févr. 1876, S. 76, 2, 143 et la note de M. Bufnoir sous Cas. 15 juin 1881, S. 83, 1, 473.
(2) 15 juin 1881, S. 83, 1, 473.

remboursement de la dot, antérieur aux évènements qui y donnent lieu, est prohibé comme contraire aux conventions matrimoniales. Il faut donc
approuver la décision de la Cour suprême, et critiquer le motif qu'elle propose.

D) Quelle serait la valeur, d'une dation en paiement faite par le mari à la femme, à titre de remploi d'un immeuble paraphernal, aliéné par lui,
et dont il a touché le prix? Nous sommes en présence d'une dette susceptible d'un remboursement
actuel, et par conséquent d'une dation en paiement
permise. Il n'y a aucune bonne raison de restreindre l'application de l'art. 1595 § 2 au régime
de communauté, puisque les exemples, proposés
par la loi, n'ont rien de limitatif.

E) Le mari pourrait-il céder un de ses biens à sa
femme, pour lui assurer le placement des économies, qu'elle a pu faire, sur les revenus de ses biens
paraphernaux? La jurisprudence annule à bon
droit l'opération, qui pourtant ne viole pas les conventions matrimoniales. Ce qui rend ici l'art.
1595 § 2 inapplicable, c'est l'absence d'une dette
préexistante. La loi n'autorise que les dations en
paiement; elle ne permet jamais les ventes. Or
l'absence d'une dette du mari nous met dans l'hypothèse d'une vente pure et simple.

Il faudrait traiter de la même manière la cession

par le mari à la femme, à charge pour elle de payer certaines dettes dont il est tenu envers des tiers.

Le troisième cas où la dation en paiement est permise entre époux, c'est celui où la femme cède des biens à son mari, « en paiement d'une somme qu'elle lui aurait promise en dot, et lorsqu'il y a exclusion de communauté ». En pareil cas, la dation en paiement n'est pas suspecte aux yeux du législateur, et loin de déroger aux conventions matrimoniales, elle a plutôt pour but d'en faciliter l'exécution ; mieux vaut pour la femme qui n'a pas de fonds disponibles, se libérer vis à vis de son mari par une dation en paiement, plutôt que de vendre ses biens, pour se procurer la somme promise.

Pour déterminer la portée d'application de notre § 3, il ne faut pas s'attacher rigoureusement aux expressions « lorsqu'il y a exclusion de communauté ». Il vaut mieux s'en tenir à la pensée générale qui a inspiré le législateur, et admettre que la dation en paiement se trouve autorisée, chaque fois que le régime matrimonial, adopté par les époux, a permis à la femme de promettre en dot une somme d'argent. Or la femme peut, sous tous les régimes sauf sous le régime de communauté légale, faire cette promesse de dot. Sans doute, c'est surtout sous les régimes où il y a exclusion totale de communauté : sous le régime sans communauté, sous le régime dotal, même sous le régime de séparation de biens, qu'une promesse de dot trouve son application. Aussi par les expressions « lorsqu'il y a exclusion de communauté » le législateur a-t-il prévu le « *plerumque fit* ».

Mais même sous le régime de communauté, la femme peut, par une clause d'apport, promettre telle somme déterminée, et par suite se libérer par voie de dation en paiement. D'ailleurs la clause d'apport, entraînant avec elle la clause de réalisation, se trouve être une clause exclusive de communauté, et correspondre ainsi non seulement à la pensée, mais même aux termes de l'art. 1595 § 3.

Il ne semble pas nécessaire, pour appliquer notre § 3 à tous les régimes autres que la communauté légale, de considérer les mots « lorsqu'il y a exclusion de communauté » comme signifiant : « Lorsque les biens donnés en paiement ne tombent pas en communauté (1) ». Il vaut mieux reconnaître que les expressions « lorsqu'il y a exclusion de communauté » visent bien les différents régimes sans communauté : mais on peut, sans dépasser la pensée du législateur, appliquer la règle qu'il pose, au régime de communauté affecté d'une clause exclusive, comme la clause d'apport.

______

(1) Colmet de Santerre, Cours analyt., T. VII, p. 39.

L'énumération des dations en paiement permises, et suivie d'une remarque d'un ordre général, qui se rattache au principe de l'art. 1099 sur les donations indirectes ; « sauf, dit la loi, dans ces trois cas, le droit des héritiers des parties contractantes, s'il y a avantage indirect ». Le droit auquel il est fait allusion, c'est l'action en réduction. Il faudra donc, entre la valeur de la dette et celle de la chose donnée en paiement, une différence supérieure à la quotité disponible. Bien que la loi parle ici des héritiers en général, elle ne pense qu'aux héritiers réservataires, les seuls qui soient armés de l'action en réduction.

Quant aux créanciers, nous savons déjà qu'ils ont l'action Paulienne, non pas à raison d'une différence possible entre la dette et l'objet donné en paiement, mais à raison d'une intention frauduleuse qui avait inspiré la dation en paiement.

L'art. 1595 *in fine* prévoit seulement le cas d'un avantage indirect, et néglige l'hypothèse d'une donation déguisée : c'est qu'en effet, cette fraude, tant redoutée par la loi en matière de vente, est impossible dans les dations en paiement permises, qui sont toujours des opérations sérieuses. Toutefois, dans l'hypothèse où une soulte a été stipulée au profit du *solvens*, l'opération redevient propice à cacher des libéralités. Il y

8

a même pour le juge une question préalable à trancher ; il doit décider, d'après l'importance de la
soulte, s'il y a lieu d'appliquer les règles de la dation en paiement ou celles de la vente. En présence d'une soulte assez minime, pour ne pas faire
changer la nature de l'opération, on s'en tiendra
aux règles de la dation en paiement. Aussi, dans
les trois cas où la dation en paiement est permise entre époux, les héritiers réservataires seront seuls
admis à prouver, en vertu de l'art. 1099, que l'acte
a eu pour but de déguiser une donation. S'ils triom-
phent dans leur preuve, l'opération devra être annulée pour le tout, conformément à l'art. 1099, et
non pas seulement réduite à la quotité disponible,
comme dans l'hypothèse d'un simple avantage indirect.

Au contraire, si l'importance de la soulte
modifie la nature de l'acte, et le transforme en une
véritable vente, ce seront les règles de la vente
qu'il y aura lieu d'appliquer : l'opération sera
nulle entre époux, même dans les cas où la dation
en paiement est permise. Les héritiers réservataires n'auront pas à prouver, qu'il y a eu fraude
en vue d'excéder la quotité disponible ; l'action en
nullité ne leur sera pas exclusivement réservée,
mais s'étendra aux deux parties contractantes, à
leurs créanciers et à tous leurs héritiers.

L'importance de la soulte est une question de

fait, complètement laissée à l'appréciation du juge.

En supposant admise l'opinion que nous avons proposée, et qui triomphe en jurisprudence, sur la nullité de l'échange entre époux, on peut se demander, si la prohibition de l'échange comporte les trois exceptions de l'article 1595.

La négative ne saurait faire de doute, puisque les exceptions de l'article 1595 sont toutes les trois des cas de dations en paiement. Si la question a pu se poser, c'est parce qu'un arrêt de la Cour de Limoges (1), tout en admettant en principe la nullité de l'échange entre époux, l'avait validé dans l'espèce comme avantageux pour la femme, et par suite conforme à l'article 1595 § 2, qui se borne à exiger une cause légitime de cession. Il suffit, pour prouver que cette décision n'est pas fondée, de rappeler que la légitimité de la cause n'est pas une question de fait, laissée à l'appréciation du juge, et suppose une dette préexistante, dont le mari puisse se libérer, sans violer les conventions matrimoniales.

Dans le système qui annule l'échange entre époux, il faut donc soutenir que la prohibition est absolue, et ne comporte aucune des trois exceptions prévues par l'article 1595 (2).

----

(1) Cité sous Pau, 3 janv. 1885, S. 85, 2, 113.
(2) Note de M. Bufnoir, S. 85, 2, 113, comp. Planiol : Rev., crit. 1888, p. 272.

**2° L'Acceptation du Remploi et de l'Emploi<br>sous le Régime de la Communauté**

Nous avons déjà vu le remploi des propres aliénés d'une femme commune en biens, et l'emploi
de ses deniers propres, dans la mesure où il est
légitime, se réaliser par une cession du mari à la
femme (1). Ils peuvent s'opérer d'une autre manière : le mari peut faire une acquisition pour
servir de remploi ou d'emploi à sa femme : celle-
ci acceptant, l'acquisition du mari ne tombera pas
en communauté, mais prendra, dans le patrimoine
de la femme, la place du propre aliéné, ou des
deniers employés.

Nous ne nous proposons pas d'étudier toutes les
questions, nombreuses et délicates, que soulèvent,
tant sous le régime de la communauté que sous le
régime dotal, le remploi et l'emploi. Dans une
thèse générale des contrats entre époux, l'acceptation du remploi et de l'emploi ne doit prendre
place qu'au point de vue de sa validité. C'est ce
seul côté de la question qui nous préoccupera.

Tout d'abord, l'acceptation du remploi, effectué
par voie d'acquisition, constitue-t-elle un véritable

---

(1) Art. 1595, § 2.

contrat entre époux ? Il faut, pour répondre à cette objection, définir exactement l'acte juridique accompli par le mari, qui fait une acquisition, pour servir de remploi à la femme.

On a soutenu (1) que l'opération peut s'analyser de la manière suivante : le mari achète un immeuble pour la communauté ; mais comme la femme est créancière de la masse commune à raison d'un propre aliéné, le mari lui offre en paiement l'immeuble acquis pour la communauté.

Dans ce système, le remploi se ramène bien, en dernière analyse, à un contrat entre époux, prévu et autorisé par l'article 1595 § 2.

Mais cette manière de comprendre l'opération ne peut nous satisfaire : elle est contraire à l'intention du mari, qui se propose d'acquérir pour la femme et non pour la communauté ; elle rend inexplicable la déclaration de remploi, que la loi impose au mari, au moment même de l'acquisition ; elle permet au mari d'aliéner et d'hypothéquer l'immeuble, tant que la femme n'a pas accepté ; elle a pour conséquence, de faire subir à la femme acceptante tous les droits réels consentis par le mari et toutes les hypothèques légales ou judiciaires nées de son chef ; elle entraîne deux mutations,

_______________

(1) Marcadé sous les art. 1434 et 1435.

par suite une double transcription et un double droit fiscal.

Pour éviter quelques-unes de ces conséquences inadmissibles, certains auteurs (1) proposent une autre analyse. Le point de départ est le même que dans la théorie précédente. Le mari, qui fait une acquisition pour servir de remploi à la femme, agit comme chef et dans l'intérêt de la communauté, pour libérer celle-ci vis-à-vis de la femme. Mais la déclaration de remploi ne doit pas être assimilée à une offre de cession ou de dation en paiement, susceptible d'avoir lieu sans déclaration. Elle se ramène à une offre, adressée par le mari à la femme, de la subroger au bénéfice de l'acquisition.

Dans ce système, comme dans le précédent, l'acceptation de la femme constitue bien un véritable contrat entre époux.

Mais cette seconde explication ne peut pas encore nous satisfaire, bien qu'elle échappe en partie aux conséquences inadmissibles de la première. Elle a pour avantage, d'expliquer dans une certaine mesure, pourquoi la loi impose au mari une déclaration de remploi, au moment même de l'acquisition ; elle ne fait pas subir à la femme accep-

_______________

(1) Aubry et Rau, T. V, p. 305.

tante tous les droits réels nés sur l'immeuble du chef du mari, mais seulement les droits conventionnellement conférés par lui à des tiers ; elle n'entraîne qu'un seul droit de mutation et qu'une seule transcription. Mais son point de départ est contraire à l'intention du mari, qui se propose bien plutôt de faire une opération avantageuse pour la femme que de gérer les intérêts de la communauté. Elle permet au mari de révoquer l'offre de subrogation, d'aliéner l'immeuble et de le grever de droits réels, tant que la femme n'a pas accepté. Le mari est ainsi maître de l'opération ; libre à son gré de lui faire produire ou non ses effets normaux, sans égard aux intérêts de la femme, que la loi a principalement en vue, en réglementant le remploi. Enfin en séparant, au cas d'acceptation de la femme, les droits réels nés involontairement du chef du mari, comme les hypothèques légales ou judiciaires, et les droits réels conventionnellement conférés par lui à des tiers, les premiers s'évanouissant par suite de l'acceptation de la femme, les seconds s'imposant à la femme acceptante, la théorie, que nous combattons, aboutit à un résultat artificiel et contradictoire.

Aussi croyons-nous devoir repousser le point de départ des deux systèmes, qui viennent d'être examinés. Ce n'est pas l'intérêt de la commu-

nauté, mais celui de la femme, qui inspire le mari
sinon dans l'acquisition elle-même, du moins dans
la destination, qu'il assigne à l'immeuble, au moment même de l'acquisition. Les deux choses sont
inséparablement liées ; par le fait même, qu'il
achète un immeuble, en se conformant à la déclara-
ration de remploi prescrite par la loi, le mari a
pour but indiscutable de réparer au profit de la
femme, les conséquences d'une aliénation antérieure ; il destine l'immeuble à prendre, dans le
patrimoine de la femme, la place d'un propre
aliéné, et à ce titre, le mari fait acte de gérant
d'affaire.

Cette explication, qui peut invoquer les autori-
tés imposantes de Pothier (1) et de d'Aguessau (2),
évite toutes les conséquences fâcheuses des théo-
ries précédentes. L'acceptation de la femme rati-
fiera la gestion du mari ; elle aura pour effet
d'effacer rétroactivement les droits réels tant volontaires qu'involontaires, nés du chef du mari, et
de faire tomber les aliénations consenties par lui :
tout devra se passer, comme si la femme avait
chargé le mari d'acheter à son intention l'immeuble acquis en remploi. Un seul droit de muta-

_______________

(1) Pothier. Contr. de M. n·· 89 à 96.
(2) D'Aguessau, 27ᵉ plaidoyer, édit. Pardessus, t. II, p. 464. — Cf.
Labbé : de la Ratification des actes d'un gérant d'affaire, n·· 89 à 96.

tion sera dû au fisc : une transcription unique sera suffisante.

Cette analyse est la seule qui donne complète satisfaction à l'équité et au but de la loi, en donnant plein effet rétroactif à l'acceptation de la femme, sans faire une distinction injustifiable, entre les droits réels consentis par le mari et les droits réels nés involontairement de son chef.

Bien qu'en acceptant, la femme devienne l'ayant cause directe du tiers, qui a traité avec le mari, l'acceptation n'en constitue pas moins un véritable contrat entre époux, un mandat donné après coup. Indifférente pour le tiers, qui a vendu au mari, l'acceptation de la femme produit un effet limité aux deux époux et à leurs ayant-cause postérieurs à l'acquisition du mari. Nous sommes donc bien en présence d'un contrat entre époux, avec cette particularité, qu'il s'agit d'un contrat exécuté d'avance.

Cette question préjudicielle ainsi résolue, nous pouvons préciser les conditions requises pour la légitimité du remploi et de l'emploi au profit d'une femme commune en biens. On peut les déterminer d'une façon générale, abstraction faite du procédé spécial, dation en paiement ou acquisition, par lequel le remploi ou l'emploi s'effectue. Sur ce point, il suffit de rappeler les solutions données

à propos de la dation en paiement : le remploi des
propres aliénés d'une femme commune en biens
est toujours permis, même quand il n'est pas
prescrit entre époux; l'emploi des deniers propres
est légitime, même en dehors d'une classe formelle,
pour les deniers qui constituent ou représentent
un capital propre parfait.

Attachons-nous maintenant aux conditions spéciales, auxquelles se trouve subordonnée la validité du remploi par voie d'acquisition.

Il ne suffit pas que le mari ait acheté un immeuble, avec le prix d'un propre aliéné de la femme,
pour que, celle-ci acceptant, le remploi s'opère *ipso
facto*. Lors de l'acquisition, le mari doit déclarer
deux choses : que les deniers proviennent de l'aliénation de tel propre, que l'immeuble acquis est
destiné à remplacer tel propre, déjà aliéné, ou
dont l'aliénation est projetée.

Cette double déclaration du mari doit être contemporaine de l'acquisition, et ne saurait être utilement faite après coup. On l'a contesté (1), en allé-
guant que l'art. 1434, qui exige une double déclaration *in continenti*, est spécial au remploi opéré
pour le compte du mari. Quant à l'art. 1435, qui

----

(1) Rodière et Pont : Traité de Contr. de mar. 1, 663. — Marcadé :
sous les art. 1434 et 1435, n° 3.

vise le remploi au profit de la femme, il ne reproduit pas les mots « lors de l'acquisition » qui figurent dans l'article précédent.

C'est faire une distinction que ne justifie pas la raison, et qui est certainement contraire à la pensée du législateur : son intention évidente, en écrivant l'art. 1435, a été, non pas de restreindre pour le remploi au profit de la femme, les conditions prescrites pour le remploi au profit du mari, mais d'y ajouter quelque chose, en exigeant en outre l'acceptation de la femme avant la dissolution de la communauté.

Les auteurs qui n'exigent pas pour la validité du remploi au profit de la femme, que la double déclaration du mari, soit contemporaine de l'acquisition, ramènent le remploi par voie d'acquisition au remploi par voie de dation en paiement. La femme acceptante, serait l'ayant-cause du mari, et devrait subir tous les droits réels nés du chef de celui-ci, sur l'immeuble acquis en remploi.

Si au contraire, on exige une double déclaration contemporaine de l'acquisition, les effets du remploi par voie d'acquisition ne seront plus ceux du remploi par voie de dation en paiement : la femme acceptante sera l'ayant-cause du tiers avec qui le mari a traité, et recevra l'immeuble affranchi de tous les droits réels nés du chef de celui-ci (1).

Pour nous donc, qui exigeons une déclaration du mari faite *in continenti* dans l'acte d'acquisition, l'acceptation de la femme remontera au jour de l'acquisition, en effaçant rétroactivement tous les droits réels consentis par le mari, ou nés de son chef sur l'immeuble acquis en remploi (2).

La loi exige une acceptation formelle, c'est-à-dire exclusive de toute espèce de doute: le concours de la femme à l'acte d'acquisition, renfermant la double déclaration, manifesterait suffisamment sa volonté d'accepter, sans qu'il soit nécessaire d'une affirmation plus explicite à cet égard.

Le terme extrême, fixé par la loi pour l'acceptation de la femme, est la dissolution de la communauté. Il n'y a pas lieu de distinguer, comme on l'a proposé (3), suivant que la communauté est dissoute par la mort du mari, ou par toute autre cause, et d'autoriser l'acceptation tant que le mari n'est pas mort. Cette distinction n'est pas compatible avec les termes généraux de l'art. 1435.

Les conditions ordinaires du remploi: double

---

(1) Cpr. Aubry et Rau: V, p. 304, note 71. — Pothier: Communauté, n" 198 et 199. — Labbé : de la Ratif. des actes d'un gér. d'af., n° 93.

(2) Nous avons vu que cette rétroactivité, se concilie pleinement, avec la théorie qui présente le mari comme un gérant d'affaire,

(3) Rodière et Pont, op. cit. I, 668,

déclaration du mari contemporaine de l'acquisition, acceptation de la femme avant la dissolution de la communaute, s'appliquent au remploi imposé au mari par le contrat de mariage, comme au remploi facultatif. On a contesté (1), que l'acceptation de la femme fût nécessaire, en cas de remploi obligatoire : c'est méconnaître la portée d'une clause de remploi, qui n'implique pas acceptation anticipée de la femme, et impose le remploi au mari, sans lui conférer le pouvoir de l'opérer seul.

On trouve parfois une clause de remploi renforcée : les premières acquisitions immobilières faites par le mari, après aliénation des propres de la femme, tiendront lieu de remploi. Dans ce cas, la double déclaration du mari, et l'acceptation de la femme, prescrites par l'art. 1435, restent nécessaires pour que la femme puisse évincer les acquéreurs postérieurs du mari, et tous ceux qui sont titulaires de droits réels nés du chef de celui-ci. Mais dans les rapports des époux entre eux, la nécessité d'une double déclaration du mari, et d'une acceptation de la femme, disparait : la femme pourrait, même après la dissolution de la communauté, réclamer comme propres les im-

----

meubles acquis par le mari, et restés dans le patrimoine de celui-ci (1).

Quand le contrat de mariage contient une clause de remploi, il indique ordinairement de quelle manière le remploi sera opéré ; à défaut d'indication à cet égard, c'est en immeubles ou rentes sur l'Etat (2), que le mari devra s'acquitter de son obligation de remploi.

L'aliénation, que le remploi a pour but de réparer, peut n'avoir pas encore eu lieu : une jurisprudence constante (3) admet la validité des remplois opérés d'avance. C'est là une opération utile à une foule de points de vue : elle permet au mari, qui prévoit ou projette l'aliénation d'un propre, de saisir une occasion favorable pour opérer le remploi ; elle donne une parfaite sécurité à la femme, qui consentira volontiers l'aliénation de propres, dont le remploi lui est assuré. Subordonné au fait de l'aliénation subséquente de propres, le remploi anticipé n'est qu'un remploi conditionnel, qu'il faut sans hésiter considérer comme légitime.

Les conditions, exigées pour le remploi des propres aliénés, s'appliquent à l'emploi des deniers

---

(1) Sic: Aubry et Rau, V, 308.
(2) Art. 29, al. 1 et 2 de la loi de Finances du 16 septembre 1871.
(3) Cas. Req. 5 décembre 1854, S. 55, 1, 353. — Cas. 14 mai 1870, S. 80, 1, 17. — Cas. 8 novembre 1886, S. 87, 1, 61.

propres, dans le mesure où cet emploi est légitime en soi, et abstraction faite du procédé spécial par lequel il s'effectue : dation en paiement ou acquisition.

### 3⁰ L'Acceptation du Remploi et de l'Emploi sous le Régime dotal.

Quand une clause du contrat de mariage permet l'aliénation des immeubles dotaux, elle est souvent accompagnée d'une clause de remploi.

Il faut appliquer, au remploi des immeubles dotaux aliénés, les conditions prescrites pour le remploi des propres aliénés d'une femme commune en biens : double déclaration du mari contemporaine de l'acquisition ; acceptation de la femme (1) avant la dissolution du mariage ou la séparation de biens ; remploi conforme aux indications du contrat de mariage, et à défaut d'indication, en immeubles ou en rentes sur l'Etat. (2)

Même quand il n'est pas prescrit, le remploi est permis, chaque fois qu'un immeuble dotal a pu être valablement aliéné, et fait, de l'immeuble acheté avec le prix de l'aliénation, un immeuble dotal.

Comme sous le régime de communauté, le remploi peut avoir lieu d'avance ; il est toujours susceptible d'être réalisé tant par voie de dation en paiement que par voie d'acquisition.

---

(1) Art. 1435.
(2) Art. 29, al. 1 et 2 de la loi de Finances du 16 sept. 1871.

Au contraire, l'emploi des sommes dotales, quand il n'est pas prescrit par une clause formelle, n'est possible ni par voie de dation en paiement ni par voie d'acquisition. La dation en paiement serait nulle, comme restitution anticipée de la dot. L'acquisition ne serait pas nulle, mais n'aurait pas pour effet, de rendre dotal, l'immeuble acheté avec des deniers dotaux (1), puisque la dot ne peut pas être modifiée quant à sa composition. Si la femme accepte l'acquisition faite pour elle, l'immeuble deviendra paraphernal; si elle refuse, l'immeuble appartiendra au mari.

Une clause du contrat de mariage rendrait l'emploi légitime, et possible tant par dation en paiement que par acquisition. Le mari pourrait céder un de ses immeubles à sa femme, pour lui tenir lieu d'emploi conformément à l'art. 1595 § 2 : l'immeuble cédé deviendrait dotal. Il en serait de même de l'immeuble acquis par le mari avec les deniers dotaux, pourvu qu'il ait fait la double déclaration prescrite par l'art. 1435, et que la femme ait accepté l'emploi avant la dissolution du mariage ou la séparation de biens.

---

(1) Art. 1553.

4⁰. **Le Rétablissement des Conventions Matrimoniales
après la Séparation de Biens.**

La plus grave atteinte portée par loi, au principe de l'irrévocabilité des conventions matrimoniales, est certainement la faculté concédée à la
femme, d'obtenir en justice la séparation de biens.
Si la femme triomphe dans sa demande, rien ne
subsiste des conventions matrimoniales ; la communauté est dissoute, la dot doit être restituée, la
femme reprend l'administration et la jouissance
de ses biens.

Toutefois, une demande en séparation de biens
triomphante, n'empêche pas les époux de retourner d'un commun accord à leur régime primitif, et, par un nouvel échange de consentements,
de remettre en vigueur leurs conventions matrimoniales. L'art. 1451 autorise le rétablissement
de la communauté ; il faut, sans hésiter, généraliser cette disposition ; et, de même que la séparation de biens judiciaire est possible sous tous
les régimes, à condition que la dot soit en péril,
de même le retour aux conventions matrimoniales
est permis sous tous les régimes.

Comme le contrat de mariage lui-même, la convention, qui le rétablit, doit être constatée par acte notarié : elle rentre dans la catégorie des contrats solennels. Conformément au droit commun, le notaire rédacteur doit être assisté d'un second notaire ou de deux témoins, mais la présence effective de ce second notaire ou de deux témoins, n'est pas requise à peine de nullité : le rétablissement du pacte matrimonial échappe, comme le contrat de mariage, à l'énumération limitative de la loi du 21 juin 1843, qui fixe les actes, pour lesquels la présence réelle est exigée.

Dans la même mesure que la séparation de biens, le retour aux conventions matrimoniales intéresse les tiers ; que servirait, d'exiger en leur faveur, la publicité de la demande en séparation de biens, et du jugement qui la prononce, si les époux pouvaient, par une convention restée secrète, rétablir leur contrat de mariage ? Aussi la loi prend-elle soin d'exiger, pour l'efficacité de cette convention à l'égard des tiers, l'accomplissement des formalités de publicité, prescrites par l'art. 1445, pour le jugement de séparation de biens : affiche au tribunal de première instance, et en outre au tribunal de commerce, si le mari est commerçant.

Un texte postérieur, l'art. 872 Proc. civ., exige l'affiche du jugement de séparation de biens dans

l'auditoire du tribunal de commerce, même quand
le mari n'est pas commerçant. Faut-il appliquer
cette formalité supplémentaire au rétablissement
du pacte matrimonial ? Non, car les textes, qui
exigent une formalité à peine de nullité, ne peuvent être interprêtés que dans un sens restrictif.
L'art. 872 Proc. civ. spécial au jugement de séparation de biens, et muet sur le rétablissement
du contrat de mariage, devra être écarté ; et
l'affiche, dans l'auditoire du tribunal de commerce, sera réservée, conformément à l'art. 1445
Cod. civ. à l'hypothèse d'un mari commerçant.

Comme toutes les formalités de publicité, celles
que nous venons d'indiquer sont prescrites à
l'égard des tiers ; les époux ne peuvent se prévaloir de leur omission. (1)

La faculté, donnée aux époux séparés de biens
de rétablir leur contrat de mariage, pouvait
présenter un danger auquel le législateur a pris
soin de parer.

Il importe que la séparation de biens judiciaire,
suivie d'un rétablissement du contrat de mariage,
ne serve pas d'expédient pour violer la règle de
l'immutabilité des conventions matrimoniales.

_____________

(1) Sic : Aubry et Rau : V, p. 411, note 83. — Contra : Troplong :
Contr. de m., II, 1468.

Aussi est-ce le rétablissement pur et simple que la loi autorise : « Toute convention, dit l'art.1451 *in fine*, par laquelle les époux rétabliraient leur communauté sous des conditions différentes, de celles qui la réglaient antérieurement, est nulle ».

En présence de ce texte, comment faut-il traiter une convention, qui ne se contente pas de rétablir le pacte primitif, mais y introduit des clauses dérogatoires ? Est-ce la convention, ou seulement la clause dérogatoire, qui devra être annulée ?

La nullité de la convention. qui semble plus conforme au texte, dépasserait la pensée du législateur. Ce qu'il a voulu, c'est empêcher les époux, de recourir à la séparation de biens, comme à un moyen détourné de modifier les conventions matrimoniales. Pour déjouer ce calcul des époux, il suffit d'annuler la clause dérogatoire ; point n'est besoin d'annuler la convention de retour.

Toutefois, si la clause dérogatoire avait été, dans l'intention des parties, la cause déterminante du rétablissement, on ne pourrait maintenir la convention principale, et considérer simplement la clause dérogatoire comme non écrite. Il faudrait traiter cette clause comme une condition suspensive illicite, dont l'effet, en matière de contrats à titre onéreux, est d'annuler la convention qui en dépend (1).

Les conventions matrimoniales, remises en vigueur après la séparation de biens, sont censées avoir toujours réglé, sans discontinuation, les rapports des époux entre eux.

Si c'est la communauté qui est rétablie, elle absorbera tous les biens qui seraient tombés dans son actif, si la séparation n'avait pas eu lieu ; elle sera grevée de toutes les dettes, contractées *medio tempore*, qui auraient été à sa charge, sans la séparation.

Mais à l'égard des tiers, le jugement de séparation de biens n'est pas rétroactivement effacé, et le rétablissement du régime matrimonial ne date que du jour de la convention. C'est ainsi, que les actes d'administration, valablement passés par la femme *medio tempore*, demeureront inattaquables. Les immeubles dotaux, prescriptibles à partir de la séparation de biens (2), resteront définitivement acquis, à ceux qui, avant le rétablissement du régime dotal, auront accompli la prescription acquisitive de dix à vingt ans, ou celle de trente ans.

---

(1) Art. 1172 — cpr. Aubry et Rau : V, p. 411, notes 84 et 85.
(2) Art. 1561.

En cas de séparation de corps, le rétablissement de la vie commune ne suffit pas pour faire cesser les effets de la séparation quant aux biens ; il faut une convention, assujettie aux conditions de publicité, d'authenticité, et de parfaite conformité au pacte matrimonial primitif, indiquées par l'art. 1451.

5º Le Mandat.

La légitimité du mandat entre époux a été consacrée par le Code Civil et par deux lois postérieures de date récente. Le Code Civil prévoit le mandat donné par la femme au mari : c'est le cas de l'art. 1577 ; et aussi le mandat donné par le mari à la femme : c'est le cas de l'art. 1420. Les lois du 9 Avril 1881 sur l'organisation des caisses d'épargne postales, et du 20 Juillet 1886 sur la caisse nationale des retraites pour la vieillesse, contiennent des applications particulières de cette seconde espèce de mandat.

La femme, mariée sous le régime dotal, peut donner à son mari, le mandat d'administrer ses biens paraphernaux. Ce mandat, prévu par l'art. 1577, se trouve en principe soumis aux règles ordinaires du mandat ; il est notamment révocable au gré de la femme. Toutefois, s'il avait été conféré au mari par contrat de mariage, il serait irrévocable, sauf le cas de séparation de biens, à cause de l'immutabilité des conventions matrimoniales.

Comme tout mandataire, le mari, au cas de l'art. 1577, est responsable de ses fautes : mais l'obligation de rendre compte des fruits, ne pèse sur lui, que si le pouvoir d'administrer lui a été confié avec la charge d'en faire état. En l'absence d'une clause formelle, il est dispensé de rendre compte des fruits.

Le fait pour le mari, de jouir des biens paraphernaux de sa femme, équivaut, tant qu'il n'y a pas opposition de celle-ci, au mandat d'administrer, avec dispense de rendre compte des fruits. Le mari n'est tenu qu'à la représentation des fruits encore existants lors de l'opposition, ou de la dissolution du mariage.

Comme la femme dotale, la femme, séparée de biens, pourrait donner à son mari le mandat d'administrer ses biens. Ce pouvoir résulte implicitement de l'art. 1539, qui prévoit le cas où la femme séparée a laissé la jouissance de ses biens à son mari. Elle pourrait faire expressément, ce que la loi lui donne le droit de faire tacitement.

Même en cas de mandat exprès, le mari séparé de biens, est dispensé de rendre compte des fruits, à moins qu'une clause formelle ne l'y oblige.

C'est dans le chapitre consacré à la communauté, que le Code Civil prévoit l'hypothèse inverse : celle d'un mandat donné par le mari à la femme. Après avoir posé en principe, que les dettes contractées par la femme commune autorisée du mari, obligent la communauté, le mari et la femme, le législateur prévoit le cas où la femme contracte en vertu d'une procuration générale ou spéciale du mari ; elle n'oblige alors que la communauté et le mari, sans s'obliger elle-même : c'est une application pure et simple des règles du mandat.

D'après une doctrine et une pratique constantes, la femme agit comme mandataire du mari pour les affaires du ménage. Elle est investie, en tout ce qui concerne la nourriture et l'entretien de la famille, d'un mandat général et tacite, qui lui permet, d'obliger la communauté et le mari, sans s'obliger elle-même.

Ce mandat tacite est révocable comme un mandat exprès ; la révocation résulte habituellement dans la pratique, d'un avertissement collectif donné aux fournisseurs par la voie des journaux. Mais c'est là un procédé qui manque souvent d'efficacité, car les fournisseurs, n'étant pas tenus de lire les journaux, peuvent invoquer la bonne foi, et poursuivre la communauté et le mari. Une défense, adressée individuellement aux fournisseurs, mettrait le mari et la communauté à l'abri des poursuites.

Il peut se faire que la femme dépasse les limites de son mandat : en cas de dépenses excessives, en disproportion avec les ressources de son mari, celui-ci peut faire réduire les prétentions des fournisseurs.

Quand le mari parvient à se décharger en tout ou en partie, des obligations contractées par la femme pour affaires du ménage, les fournisseurs n'ont pas pour cela le droit de poursuivre la femme sur ses biens personnels. Sans doute, si elle contracte, malgré la révocation ou au delà des limites de son mandat, elle n'agit plus comme mandataire, mais cela ne suffit pas pour qu'elle soit personnellement obligée : il faudrait qu'elle fût valablement autorisée. Toutefois, les fournisseurs pourraient la poursuivre sur ses biens personnels, à raison des fraudes qu'elle aurait commises, pour leur dissimuler sa qualité de femme mariée, ou à raison du profit, que la livraison des fournitures lui aurait causé.

Le mandat tacite de la femme pour les dépenses du ménage, suppose en principe la vie commune. Il cesse, quand la femme quitte le domicile conjugal contre le gré du mari, ou même quand celui-ci, l'ayant autorisée à vivre séparément, subvient à ses besoins par une pension. Mais à défaut de pension, et en cas de pension insuffisante, la femme, autorisée à vivre à part ou abandonnée par son mari, reste investie d'un mandat tacite, pour subvenir à son entretien personnel et à celui de ses enfants. Elle oblige valablement le mari envers les fournisseurs.

Deux lois récentes précitées, celle du 9 Avril 1881 sur les caisses d'épargne postales, et celle du 20 Juillet 1886 sur la caisse des retraites pour la vieillesse, contiennent d'intéressantes applications du mandat tacite de la femme pour les affaires du ménage. Depuis longtemps, les femmes mariées accomplissaient librement des dépôts et des retraits d'argent dans les caisses d'épargne : la loi du 9 Avril 1881 n'a été que la consécration législative d'une pratique admise partout.

« Les femmes mariées, dit l'art. 6 alin. fin., quel que soit le régime de leur contrat de mariage, seront admises à se faire ouvrir des livrets sans l'assistance de leurs maris : elles pourront retirer sans cette assistance les sommes inscrites aux livrets ainsi ouverts, sauf opposition de la part du mari (1). »

Ce texte n'est que l'application pure et simple du droit commun. Quoi d'étonnant que la femme puisse disposer à son gré des économies réalisées par elle dans l'entretien du ménage ? En plaçant

---

(1) On peut regretter, au point de vue de la correction juridique, les expressions du législateur : « régime du contrat de mariage » et « assistance du mari ».

et en retirant ces sommes, elle ne dépasse pas les limites de son mandat.

Certains commentateurs de la loi de 1881 (1), y ont vu pourtant une dérogation aux règles du droit commun. L'un d'eux, après avoir cité l'art. 6 al. fin., y découvre « une innovation tellement grave qu'on peut se demander si les rédacteurs de la loi en ont bien calculé la portée ». Et plus loin :« Par l'application des règles nouvelles, on pourra voir une femme gérer toutes les valeurs communes, si les économies, déposées par elle à la caisse, forment l'unique avoir du ménage. Quel renversement des idées juridiques reçues jusqu'ici ! Ce n'est plus seulement une séparation de biens partielle : c'est bien plus, une communauté dont le mari n'est plus le chef nécessaire, et dont l'administration, la jouissance, et même la disposition peuvent régulièrement appartenir au mari. »

Notre art. 6 al. fin. précité est si peu une innovation, « un renversement des idées juridiques reçues jusqu'ici », qu'il a eu simplement pour but de consacrer une pratique constante et unanimement admise. Il n'a été, comme on l'a dit au Sénat (2), que la régularisation d'un fait constaté dans

_______________

(1) Testoud, Rev. crit. 1881, p. 579.

(2) Toute la discussion du Sénat a été résumée par M. Planiol dans la Revue critique (année 1882) ; voir l'article intitulé : les Caisses d'épargne postales et le régime de communauté.

toutes les caisses d'épargne, et fondé en droit sur le mandat tacite, dont la femme est investie, dans les affaires du ménage. Bien loin d'avoir ignoré la portée de la loi nouvelle, les rédacteurs l'ont fixée, avec une précision et une clarté, qui ne peuvent pas laisser de doute. « La femme, disait M. Robert de Massy au Sénat, n'est ici que le mandataire du mari ; elle agit en vertu d'un mandat tacite. » Et, pour bien marquer, qu'il entendait ne pas toucher au droit commun, le Sénat repoussa une proposition de M. Bozérian, tendant à empêcher le mari, de retirer les sommes déposées par la femme, sans le consentement de celle-ci. Pourquoi la commission et le Sénat ont-ils repoussé cet amendement ? « Parce que, disait M. Denormandie, le Sénat ne s'est décidé à voter l'art. 6, qu'après avoir parfaitement compris, qu'il ne touchait en rien au droit, qu'il se bornait simplement à régulariser un fait. »

Ces déclarations formelles nous permettent de conclure que, depuis comme avant la loi du 9 Avril 1881, les dépôts et les retraits d'argent dans les caisses d'épargne, rentrent dans l'exercice normal du mandat de la femme pour les affaires du ménage (1).

_______

(1) Une disposition, semblable à celle de notre loi nouvelle précitée, a été admise en Angleterre, dès 1828, malgré l'extrême subordination

On peut rattacher, au même principe, la disposition de l'art. 13 al. 4 de la loi du 20 juillet 1886, sur la caisse nationale des retraites pour la vieillesse, ainsi conçu : « Les femmes mariées, quel que soit le régime de leur contrat de mariage, sont admises à faire des versements sans l'assistance de leurs maris (1). » Il s'agit ici, comme pour les sommes déposées à la caisse d'épargne, d'économies réalisées sur les menues sommes destinées à l'entretien de la vie commune : la femme doit, en vertu de son mandat tacite, pouvoir en disposer librement.

---

de la femme au mari. De même en Italie, la femme mariée peut déposer les épargnes communes. En Belgique, elle peut les retirer malgré l'opposition du mari.

(1) Ce texte se signale par la même inélégance de rédaction, que l'art. 6 al. fin. de la loi du 9 avril 1881. On retrouve dans les deux textes les expressions peu correctes de « régime du contrat de mariage » et d' « assistance du mari ».

# CHAPITRE III

LES CONTRATS ENTRE ÉPOUX PASSÉS SOUS SILENCE
PAR LA LOI

## 1º Théorie générale.

Faut-il valider entre époux, les divers contrats,
que le législateur n'a pas pris soin de leur interdire ou de leur permettre, comme le bail, le prêt,
le dépôt, le contrat de rente viagère, la transaction, la constitution de gage ou d'hypothèque? Le
silence de la loi doit-il être interprêté dans le sens
de la prohibition, ou dans le sens de la liberté ?

On invoque, en faveur de la prohibition, la nullité des contrats entre époux dans l'ancien droit.
Cette incapacité s'appliquait, comme le rapporte
Pothier, même dans les coutumes qui ne s'en
étaient pas expliquées. (1) Si les rédacteurs du
Code Civil n'ont pas pris soin d'énoncer le principe absolu du droit coutumier, c'est qu'ils ont considéré la vente comme le contrat type, renfermant
en quelque sorte tous les autres. La nullité des

_______________

(1) Don. entre mari et femme, n· 78.

contrats entre époux se justifie d'ailleurs par des motifs rationnels.

Il est rare qu'une convention soit également avantageuse pour les deux parties : n'est-il pas à craindre, qu'abusant de l'inexpérience ou de la faiblesse de la femme, le mari ne songe en contractant qu'à ses intérêts personnels, et sacrifie ceux de la femme? Ce danger ne serait pas à redouter, si la justice intervenait dans les contrats entre époux, pour renforcer l'autorisation maritale. Mais l'intervention du tribunal doit être strictement réservée à des cas limitatifs, que la loi précise et énumère : la femme contracte avec l'autorisation de justice, quand le mari refuse son autorisation (1), quand il est frappé d'une peine afflictive ou infamante (2), quand il est absent (3), mineur (4) ou interdit. Tels sont les cas limitatifs où la justice intervient ; hors de là, l'autorisation maritale est nécessaire et suffisante. Aussi n'est-il pas possible, de sauvegarder les intérêts de la femme, contre les abus d'influence ou d'autorité du mari, si l'on ne limite pas la capacité de contracter entre époux, aux cas formellement auto-

_______________

(1) Art. 218.
(2) Art. 221.
(3) Art. 222.
(4) Art. 224.

risés par la loi. C'est le seul moyen de prévenir
les oppositions et les conflits d'intérêts, dont les
contrats entre époux pourraient devenir la source.

On peut répondre, en faveur de la liberté, par
de décisives raisons puisées dans la tradition historique, les textes et l'utilité pratique.

Il n'est pas possible de soutenir, que la nullité
des contrats entre époux, ait absolument triomphé
jusqu'à la fin de l'ancien droit. Elle avait déjà reçu,
dès l'époque de Dumoulin (1) et de d'Argentré, (2)
de remarquables tempéraments ; et l'on peut dire,
qu'à la fin du dix-huitième siècle, on n'était plus
très éloigné du principe romain de la capacité
contractuelle entre époux. Si les rédacteurs du
Code Civil avaient voulu consacrer la règle coutumière, on trouverait dans les travaux préparatoires une déclaration d'ordre général, et dans la
loi un texte précis. Or c'est de la vente seule,
qu'on s'est préoccupé dans les travaux préparatoires, et c'est la vente seule qui est prohibée par le
texte. Pas d'incapacité sans texte : c'est le principe
fondamental qui domine toutes les conventions, et
que l'art. 217 vient fortifier pour les époux, en déclarant la femme capable de contracter sans aucune
restriction, pourvu que le mari ait concouru à

_____________

(1) Sur la coutume de Paris : art. 156.
(2) Sur la coutume de Bretagne : art. 211.

l'acte, ou ait donné son consentement par écrit.
C'est cet art. 217 qui a fait unanimement admettre,
le droit pour la femme de contracter avec un tiers
dans le seul intérêt du mari, et pourtant avec sa
seule autorisation. Si les termes formels et abso-
lus de l'art. 217 commandent cette solution incon-
testée, ils exigent aussi impérieusement la pleine
liberté des contrats entre époux, moins dangereuse
souvent pour les intérêts de la femme, que le droit
de contracter avec un tiers pour le seul avantage
du mari. (1)

Quant aux abus d'influence ou d'autorité du
mari, aux oppositions et conflits d'intérêts, que les
contrats entre époux pourraient engendrer, sont-
ils spéciaux aux contrats passés sous silence par
la loi ? Ne peuvent-ils pas naître aussi des contrats
formellement autorisés, et encore plus, des contrats passés entre la femme et des tiers, en faveur
de son mari ?

Ces inconvénients possibles sont d'ailleurs lar-
gement compensés, par la grande utilité pratique
des contrats entre époux. Un prêt d'argent consenti par la femme, un contrat de société formé
avec elle, peuvent relever le crédit ébranlé du
mari. Le dépôt et le commodat sont de bons offices

----

(1) Sic : Demolombe, Cours de Droit Civil, t. IV, p. 287 et suiv., —
Guillouard, Vente I, p. 159 et suiv. — Planiol, Rev. crit., 1888, p. 273
et suiv.

qu'il est impossible de défendre entre époux. Enfin, serait-il convenable d'interdire le bail, quand la femme est propriétaire d'une maison ou d'un immeuble rural, qu'elle pourrait très utilement louer au mari, dans l'intérêt de toute la famille (1) ? La forcera-t-on de louer à un étranger, alors que le tuteur peut, à certaines conditions, prendre à ferme les biens du mineur ?

Nous conclurons, en déclarant permis les contrats entre époux passés sous silence par la loi. Reste à déterminer dans quelle mesure, cette règle doit fléchir par suite de l'immutabilité des conventions matrimoniales.

---

(1) Il va sans dire, qu'un bail de la femme au mari, ne peut se comprendre, qu'à l'égard de biens, dont le mari n'a pas déjà l'administration et la jouissance en vertu du contrat de mariage.

L'irrévocabilité des conventions matrimoniales a pour but de sauvegarder deux intérêts essentiels : l'harmonie du ménage, les prévisions légitimes des tiers. Il ne faut pas qu'un des conjoints soit dans l'alternative, ou de faire une concession désavantageuse, en acceptant un changement de régime, ou de compromettre la paix domestique, en s'opposant à toute modification. La femme dotale, par exemple, a tout avantage à conserver le régime qu'elle a adopté en se mariant : la loi ne veut pas, qu'elle sacrifie son intérêt à l'harmonie conjugale, ni qu'elle compromette la paix du ménage pour sauvegarder son intérêt.

D'autre part, les tiers qui se trouvent au cours du mariage, en relations d'affaires avec les époux, prennent en considération le régime matrimonial de ces derniers. Quelle différence, entre les obligations contractées par une femme commune en biens, et les obligations contractées par une femme dotale ! Il ne faut pas, qu'un changement de régime survenu à son insu, surprenne le tiers, qui se croyait créancier d'une femme commune, et n'a en réalité pour débitrice qu'une femme dotale. Intérêt des époux, intérêt des tiers, par là s'explique l'irrévocabilité des conventions matrimoniales.

Les motifs rationnels de notre règle ainsi déterminés, nous pouvons en déterminer le champ d'application dans le domaine des contrats entre époux. Examinons d'abord avec le plus grand soin deux ordres d'idées, dans lesquels notre principe d'irrévocabilité doit être concilié avec des textes formels ou avec les principes généraux du droit.

I.—Nous avons vu, qu'en vertu de l'art. 1577, la femme dotale peut donner à son mari, mandat d'administrer ses biens paraphernaux. De même, en vertu de l'art. 1539, la femme séparée de biens, peut conférer à son mari l'administration de sa fortune. Sous le régime de communauté, le mari est l'administrateur normal des trois patrimoines qui sont au logis, sauf mandat donné à la femme d'administrer ses propres, et même la communauté. La loi prévoit formellement, dans l'art. 1420, le mandat confié à la femme d'administrer la communauté, et décide qu'en pareil cas, la femme oblige la communauté et le mari, sans s'obliger elle-même. Enfin, d'après une pratique constante, la femme commune est investie d'un mandat tacite, pour l'entretien du ménage et toutes les menues affaires de la communauté.

Voilà toute une série d'hypothèses, où l'irrévocabilité des conventions matrimoniales semble mise en échec. La femme dotale doit administrer elle-même ses paraphernaux ; la femme séparée doit gérer elle-même sa fortune ; le mari doit conserver, tant que dure la communauté, l'administration des trois patrimoines qui sont au logis ; transporter au mari l'administration des paraphernaux, confier à la femme l'administration de la communauté, n'est-ce pas renverser, au mépris de l'art. 1395, l'ordre de choses établi par le contrat de mariage ? Comment concilier les textes formels des art. 1577, 1539 et 1420 avec l'irrévocabilité des conventions matrimoniales ?

Il suffit, pour éviter cette antinomie apparente, de se rappeler le trait caractéristique du contrat de mandat dans notre droit moderne : le mandataire représente le mandat dans tous les actes juridiques, qui rentrent dans l'exercice normal et régulier du mandat. Ce contrat n'a pas pour effet de créer des obligations entre le mandataire et les tiers qui traitent avec lui ; c'est le mandant, qui devient directement créancier ou débiteur, comme s'il était intervenu en personne, dans tous les actes juridiques accomplis par son mandataire. Au point de vue du résultat, point de différence, entre les conventions passées par le mandataire, et les conventions passées par le mandant lui-même : « *qui mandat ipse fecisse videtur* ». (1)

De ce principe essentiel de notre droit, nous déduirons la conséquence suivante : peu importe, qu'entre deux époux mariés sous le régime de communauté, le mari soit, en vertu des conventions matrimoniales, l'administrateur de la communauté ; la femme peut être légitimement investie, au cours du mariage, du mandat d'administrer la communauté ; car, au fond des choses, tout se passera, comme si le mari avait gardé pour lui-même ses fonctions d'administrateur : « *qui mandat ipse fecisse videtur* ».

Peu importe encore, que la femme dotale soit, en vertu du régime matrimonial adopté par elle, chargée d'administrer ses paraphernaux : elle peut légitimement confier cette administration au mari, sans modifier en quoi que ce soit sa condition de femme dotale : « *qui mandat ipse fecisse videtur* ».

Nous pensons que les dispositions des art. 1577, 1539 et 1420 précités, doivent être généralisées : il faut valider entre époux toutes les conventions,

______

(1) Il n'en était pas de même en Droit romain, où le principe de la représentation, n'a triomphé qu'à la suite d'une longue et curieuse évolution. (Voir sur ce point une dissertation de M. Labbé. insérée à la suite des Instituts d'Ortolain, t. III.) La règle de la non représentation domine encore dans notre Droit Commercial.

qui font passer de la femme au mari ou du mari à la femme, les pouvoirs d'administration déterminés par le contrat de mariage. Ces transmissions de pouvoirs, ne tombent pas sous le coup de l'art. 1395, car si elles modifient le rôle extérieur des époux, elles n'affectent en rien leurs droits respectifs et n'altèrent pas les effets du pacte matrimonial.

II. — L'immutabilité du contrat de mariage doit encore se concilier, avec la pleine liberté des donations entre époux. Il est intéressant de remarquer, que la prohibition romaine des libéralités entre époux, se rattachait aux mêmes préoccupations d'ordre moral, qui ont inspiré au législateur moderne l'irrévocabilité des conventions matrimoniales. Il s'agissait de garantir l'indépendance réciproque des époux, la paix domestique, le désintéressement du lien conjugal. La prohibition des donations entre époux, n'empêchait pas les époux d'établir ou de modifier leurs conventions matrimoniales après la conclusion du mariage : la dot, traitée comme une acquisition onéreuse pour le mari, pouvait être augmentée et même constituée pendant le mariage.

Fidèle aux traditions romaines, en ce sens, qu'il veut prémunir les époux contre toute contestation relative à leurs interêts pécuniaires, notre législateur moderne aboutit pourtant à des solutions diamétralement opposées aux solutions romaines : il autorise d'une part les libéralités entre époux, en les déclarant toutefois essentiellement révocables (1), pour sauvegarder la liberté du donateur ; il veut d'autre part, que le contrat de mariage soit rédigé avant la célébration du mariage, et défend de le modifier au cours du mariage.

Mais n'est-ce pas là une contradiction manifeste ? Prononcer la liberté des donations, c'est permettre l'enrichissement d'un époux au détriment de l'autre, et violer par le fait même l'immutabilité des conventions matrimoniales. Ici encore, l'antinomie n'est qu'apparente : sans doute, le législateur ne veut pas qu'au cours du mariage, l'un des patrimoines, qui sont au logis, s'enrichisse accidentellement aux dépens d'un autre. Il prévoit, spécialement sous le régime de communauté (2), que les divers actes d'administration et de disposition, accomplis sur les trois patrimoines, feront passer, comme par surprise, telle valeur d'un patrimoine dans un autre. Ce résultat sera en quelque sorte provisoire : soit que la communauté ait reçu dans son sein une valeur propre, soit qu'un patrimoine propre se soit accru au détriment de la communauté, soit enfin qu'un des

---

(1) Art. 1096.
(2) Art. 1423 à 1430.

époux se soit enrichi au préjudice de l'autre, tout doit se réparer à la dissolution de la communauté, et il ne restera plus trace de ces enrichissements accidentellement survenus. Mais il n'en sera pas de même des donations proprement dites, qui, loin d'être la résultante imprévue des divers actes d'administration accomplis sur les trois patrimoines, sont le produit de la volonté libre et bienfaisante d'un conjoint envers l'autre.

Les donations entre époux sont, nous l'avons vu, essentiellement révocables : c'est ce trait distinctif de leur physionomie en droit français, qui les concilie parfaitement avec l'immutabilité du contrat de mariage : si la loi prohibe les modifications du pacte matrimonial, c'est qu'elle redoute des concessions désavantageuses et irrévocables ; ce danger n'est pas à craindre pour les donations, qui sont nécessairement révocables.

Aussi ne s'agit-il plus, au cas de donation, de réparer, à la dissolution dela communauté, l'enrichissement survenu : cette exigence de la loi, si équitable, toutes les fois qu'une valeur s'est égarée comme par hasard d'un patrimoine dans un autre, n'a plus sa raison d'être, du moment où une volonté bienfaisante, qui pouvait être révoquée à chaque instant, s'est persévéramment déclarée.

L'idée générale, que nous venons d'énoncer, va

nous servir à trancher quelques difficultés pratiques d'un grand intérêt. Si l'on suppose une rente viagère ou une assurance sur la vie, contractée par l'un des conjoints au profit de l'autre, il y a lieu de résoudre une question vivement débattue en jurisprudence (1) et en doctrine : la créance née soit du contrat d'assurance, soit du contrat de rente viagère, constitue-t-elle une valeur de communauté ou une valeur propre au bénéficiaire ?

Ceux qui voient dans la créance une valeur de communauté (2), invoquent l'immutabilité des conventions matrimoniales. Toute créance, acquise pendant la communauté, constitue, aux termes de l'art. 1401, une valeur commune : faire de cette valeur commune, une valeur propre, c'est modifier les effets normaux du contrat de mariage, c'est réaliser une création de propre en dehors de l'hypothèse du remploi ; c'est enrichir l'un des époux au détriment de la communauté. A cet argument puisé dans l'irrévocabilité du contrat de mariage, nous répondons, que le principe de l'art. 1395, doit se concilier avec la liberté des dona-

---

(1) Douai, 31 janvier 1876, S. 77, 2, 33 et la note de M. Lyon Caen. — Cassation, 28 mars 1877, ibid. 77, 1, 393 et la note de M. Labbé. — Rennes, 9 février 1888, ibid. 89, 1, 690 et la note de M. Labbé. — Paris, 16 novembre 1888, S. 90, 2, 231.

Adde : Bazenet : de l'assurance sur la vie contractée par l'un des époux au profit de l'autre, n° 20, p. 105 et suiv.

(2) Aubry et Rau, V, p. 283. — Rodière et Pont, op. cit. I, 871.

tions entre époux, et spécialement dans l'hypothèse d'époux communs en biens, avec le droit conféré au mari, par l'art. 1422 § 2 de donner à sa femme comme à une personne quelconque, les effets mobiliers et les créances de la communauté.

Le mari, qui stipule au profit de sa femme une rente viagère, ou une assurance sur la vie, veut lui faire une donation ; son but libéral ne peut pas être mis en doute : or nous avons vu, qu'une volonté bienfaisante, clairement manifestée, peut faire d'une valeur commune une valeur propre, créer des propres en dehors de l'hypothèse du remploi, enrichir l'un des époux au détriment de l'autre.

La solution serait la même, au cas de rente viagère ou d'assurance sur la vie, stipulée par la femme au profit du mari : la femme, qui peut donner ses propres au mari, peut aussi lui céder sa part dans une créance de communauté : c'est ce qu'elle fait, en contractant une rente viagère ou une assurance au profit du mari.

Dans l'une et l'autre de nos deux hypothèses, l'époux, qui stipule au profit de l'autre, peut révoquer sa libéralité, même après l'acceptation du conjoint gratifié, car les donations entre époux ont pour trait caractéristique d'être essentiellement révocables ; et c'est précisément, ce caractère de révocabilité, qui les concilie, nous l'avons vu, avec l'immutabilité des conventions matrimoniales.

Nous pourrions renouveler notre démonstration, pour les assurances sur la vie contractées par les deux époux au profit du survivant, et pour les rentes viagères constituées sur la tête des deux époux avec clause de réversibilité au profit du survivant. Ici encore, la créance, née du contrat d'assurance ou du contrat de rente viagère, ne constitue pas une valeur de communauté, partageable entre le conjoint survivant et les héritiers du prémourant, mais une valeur propre au bénéficiaire. (1) En vain objecte-t-on l'immutabilité des conventions matrimoniales. L'opération constitue bien, dans l'esprit des parties, une double donation mutuelle et éventuelle, susceptible d'être faite par un seul et même acte, parce qu'elle se réalise sous forme de stipulation pour autrui.

Terminons par une remarque d'ordre général, qui se rattache à toutes les rentes viagères et aux assurances sur la vie, contractées sous le régime de communauté, par un époux au profit de l'autre. Ces contrats font naître, nous l'avons vu, des

______

(1) Le conjoint survivant ne pourra cumuler le bénéfice de la rente ou de l'assurance avec l'usufruit créé en sa faveur par la loi du 9 mars 1891 (art. 767 modifié, al. 8).

valeurs propres ; nous ajoutons qu'ils ne donnent lieu à aucune récompense au profit de la communauté, car la théorie des récompenses suppose l'enrichissement accidentel d'un patrimoine au préjudice d'un autre, et n'est pas applicable au cas de libéralité directement consentie.

Nous venons de parcourir les deux ordres d'idées essentiels, où la liberté de contracter entre époux demeure pleine et entière, malgré l'irrévocabilité du contrat de mariage. Indiquons d'autres conventions de moindre importance, qui échappent à la règle de l'art 1395.

1º Deux époux ont fait leur contrat de mariage, en se référant purement et simplement à un régime déterminé, la communauté par exemple. Ce choix ne les empêche pas, de déroger pendant le mariage, aux dispositions légales du régime de communauté, qui n'ont pas un caractère impératif, mais simplement interprétatif de volonté. Il faut ranger, parmi les dispositions de ce genre, l'art 1407, qui déclare propre l'immeuble acquis en contre-échange d'un propre; l'art. 1408, qui déclare également propre, la portion indivise d'un immeuble acquise à la suite d'un partage, ou à titre de licitation, par l'un des époux, qui était propriétaire de l'immeuble par indivis. Si l'immeuble, acquis en contre-échange, est subrogé, suivant l'expression du texte, au propre aliéné, et comble en quelque sorte le vide que l'aliénation avait creusé, c'est à cause de l'intention probable des parties. Rien ne les empêche de manifester une volonté contraire, et de renoncer à la subrogation réelle de l'art. 1407, sauf récompense à la charge de la communauté.

De même, pour la portion d'un immeuble, acquise à la suite d'un partage ou à titre de licitation, par l'un des époux, qui était propriétaire de l'immeuble par indivis : la loi déclare propre cette portion indivise, en présumant que l'époux adjudicataire, ou favorisé par le partage, tient à sortir définitivement d'indivision. Mais l'époux intéressé peut manifester une volonté opposée, et rendre commune la portion indivise, payée des deniers de la communauté au cas de licitation.

La plupart des auteurs admettent que l'art. 1407 est une disposition purement interprétative, qui n'oblige pas les époux. Mais notre solution a été vivement contestée pour l'art. 1408, qu'on a maintes fois rattaché à l'effet déclaratif du partage : la portion acquise par l'époux adjudicataire constituerait un propre, non point à cause de la volonté présumée de l'acquéreur, mais parce que celui-ci est réputé, en vertu de l'art. 883, avoir toujours été propriétaire de l'immeuble licité (1).

Nous croyons l'effet déclaratif du partage, étranger à la disposition de l'art. 1408 : la portée de ce principe essentiel, doit être restreinte aux rapports de chaque copartageant avec les ayant-cause de ses copartageants, et ne peut pas être étendu aux rapports de chaque copartageant avec ses propres ayant-cause et avec son conjoint (2).

L'effet déclaratif du partage ainsi écarté, l'art. 1408 doit s'expliquer, comme nous l'avons fait. par une intention présumée chez l'époux adjudicataire, de sortir définitivement d'indivision. Celui-ci peut se soustraire à la présomption de la loi, par une volonté contraire, clairement manifestée.

2° Nous devons encore reconnaître la validité des conventions, qui, sans rien changer au contrat de mariage en lui-même, n'ont pour objet que d'en modifier l'exécution. Sur ce point, la loi nous présente un texte formel, qui nous a déjà préoccupés : l'art. 1595 § 2. La femme peut toujours s'acquitter, par voie de dation en paiement, d'une dot promise en argent : c'est même le cas unique, l'hypothèse de séparation judiciaire mise à part, où la femme puisse se libérer vis-à-vis du mari, par voie de

---

(1) Tronchet. Disc. au Cons. d'Et. Locré. XIII — Zachariæ, § 587, note 33, p. 190.

(2) Aubry et Rau, V, p. 319, note 90.

dation en paiement. Si la femme, qui a promis une dot en argent, s'exécute valablement en livrant un immeuble, cette solution doit être admise *a fortiori* pour le mari, qui peut toujours se libérer par dation en paiement, du moment où il est tenu envers la femme, d'une dette susceptible de paiement actuel.

Le domaine de l'irrévocabilité des conventions matrimoniales ainsi nettement délimité, nous pouvons passer en revue les contrats les plus usuels, pour déterminer dans quelle mesure, le principe de l'art. 1395 les rend impossibles entre époux.

En faisant l'étude des contrats entre époux prévus et autorisés par la loi, nous avons déjà rencontré à maintes reprises le principe de l'immutabilité des conventions matrimoniales. Il n'est pas un de ces contrats valables en droit, que des circonstances de fait ne puissent faire tomber, pour cause de dérogation au pacte matrimonial. Les dations en paiement du mari à la femme non séparée, sont nulles quand les conventions matrimoniales s'opposent à une libération actuelle du mari. Le rétablissement du contrat de mariage après la séparation de biens, suppose un retour pur et simple au régime antérieur.

Ces deux exemples saillants font voir que le principe de l'immutabilité ne frappe pas tel contrat à raison de sa nature, mais seulement telle ou telle convention déterminée, eu égard à ses éléments de fait. Ce qui est vrai des contrats formellement prévus, l'est aussi des contrats passés sous silence. Il est impossible de dire qu'*a priori* telle ou telle espèce de contrat, prêt ou constitution de gage, transaction ou société, modifie nécessairement les conventions matrimoniales ; tout dépend du but poursuivi et du résultat atteint par les parties, circonstances de fait, absolument contingentes, qui peuvent varier à l'infini pour une même opération juridique.

Cette solution n'a été mise en doute, que pour un seul des contrats entre époux passés sous silence par la loi : le contrat de société. On a prétendu, que ce contrat serait nécessairement, et quelles que fussent les circonstances de fait, dérogatoire aux conventions matrimoniales.

C'est ce que nous examinerons en exposant la théorie complète du contrat de société entre époux.

Passons d'abord en revue quelques contrats de moindre importance, susceptibles d'avoir lieu entre époux.

Le contrat de louage de choses, valable en droit, est souvent impossible en fait, par suite du régime matrimonial adopté par les époux. Sous le régime de communauté légale, le louage de choses ne se conçoit pas (1), puisque le mari a l'administration et la jouissance de tous les biens propres de la femme. Mais si la communauté était affectée d'une clause restrictive, laissant à la femme l'administration et la jouissance d'une partie de ses propres, un contrat de bail deviendrait possible. De même, sous le régime dotal, on conçoit un louage de choses consenti par le mari à la femme, et par la femme au mari sur ses biens paraphernaux. Sous le régime de séparation de biens, le bail entre époux est possible sans restriction.

Le devoir de cohabitation n'est pas, comme on l'a soutenu (2), un obstacle de droit au louage de choses : ce contrat n'a pas nécessairement pour but de fournir une habitation au locataire, et sert souvent à l'exercice d'un commerce ou d'une industrie.

Quant au louage d'ouvrage et au louage de services, il n'y a aucune raison de les prohiber entre époux, pourvu que le contrat de mariage, ne fasse pas tomber en commun, les produits du travail personnel des époux. Il va sans dire, que, si le contrat de louage de services plaçait l'un des époux

---

(1) Il en serait de même sous le régime exclusif de communauté.
(2) Rev. Crit. 1888. p. 273.

dans une situation d'infériorité et de dépendance, incompatible avec la dignité du mariage, il faudrait l'annuler, comme contraire à l'ordre public.

L'un des époux peut stipuler de l'autre une rente viagère, quand les revenus des conjoints ne tombent pas en communauté par suite du contrat de mariage. Mais cette convention n'est pas d'un usage très fréquent : c'est habituellement d'un tiers, que les époux stipulent conjointement une rente viagère, avec clause de réversibilité sur la tête du survivant. Dans ce dernier cas, l'opération offre un double intérêt pratique et scientifique de premier ordre ; elle doit être rapprochée du contrat d'assurance sur la vie, payable au décès du prémourant des époux, au profit du survivant. Nous avons déjà rencontré ces deux conventions, qui ne rentrent pas dans le cadre des contrats à titre onéreux entre époux, et dont l'exceptionnel intérêt exigerait une étude spéciale.

Nous devons laisser de côté une autre opération d'une grande utilité pratique : le cautionnement consenti par l'un des époux, pour garantir une dette de l'autre. Il ne s'agit pas ici d'un contrat entre époux, puisque le cautionnement se forme entre le créancier et la caution. Pour être dans l'hypothèse d'un véritable cautionnement entre époux, il faut supposer, que l'un d'eux se porte

caution d'un tiers, vis à vis de son conjoint. C'est
là une opération, infiniment moins pratique que
la première. Il faut l'admettre sans difficulté, en
tenant compte de l'incapacité, qui frappe la femme
dotale, de s'obliger sur ses biens dotaux.

De même il y a lieu de reconnaître la légitimité
du prêt, de la transaction, de la constitution d'hypothèque (1), pourvu que ces conventions ne con-
trarient pas en fait le régime matrimonial adopté
par les époux. La femme commune est dans l'impossibilité de prêter à son mari, si elle n'a pas
de capitaux personnels ; la femme dotale peut
emprunter à son mari : mais les biens dotaux sont
nécessairement soustraits aux conséquences
d'une pareille obligation ; elle ne peut transiger
sur ses biens dotaux, ni les hypothéquer.

Jusqu'à présent, l'immutabilité des conventions
matrimoniales, souvent restrictive de la pleine
liberté des contrats entre époux, n'a pas eu pour
effet, de leur interdire absolument, une catégorie
déterminée de contrats. En sera-t-il autrement du
contrat de société ?

-------

(1) Nous ne pouvons aborder ici les contrats relatifs à l'hypothèque
légale de la femme, qui sont en dehors de notre sujet.

3° **Le Contrat de Société entre Époux.**

Avant d'aborder la question si discutée du contrat de société entre époux, il importe de mettre deux points à l'abri de toute contestation.

1° En vertu de l'art. 1840, « nulle société universelle ne peut avoir lieu qu'entre personnes respectivement capables de se donner ou de recevoir l'une de l'autre ». Il résulte des termes de cet article, et des travaux préparatoires, que le législateur a considéré la société universelle comme un acte de libéralité mutuel et réciproque. Or les époux sont incapables de se faire une donation mutuelle et réciproque par un seul et même acte (1). Toute société universelle leur est par le fait même interdite. (2)

2° La présence simultanée de deux époux, comme commanditaires dans une société en commandite simple ou par actions, ou comme membres d'une société anonyme, échappe entièrement aux arguments invoqués contre la validité des sociétés particulières entre époux. Il est de toute évidence, que le fait pour deux époux, de faire partie de la

_______________

(1) Art. 1097.
(2) Cpr. Paul Pont : Sociétés, I, n° 36.

même compagnie d'actionnaires, ou de commanditer ensemble une entreprise, n'est une dérogation ni aux droits du mari comme chef de l'association conjugale, ni au principe de l'immutabilité des conventions matrimoniales (1).

Ces deux points mis hors de la discussion, demandons-nous si des époux peuvent former entre eux un contrat de société.

Depuis longtemps déjà, la jurisprudence paraît tranchée dans le sens de la nullité (2).

Cette décision est grave en théorie comme en pratique : elle fait échec au principe de la liberté, loi fondamentale des conventions, dont le législateur n'a pas prononcé la nullité ; elle prive les époux d'un instrument de crédit de la plus grande utilité, indispensable parfois dans des moments de crise.

Il importe donc d'examiner attentivement les motifs invoqués par la jurisprudence.

On peut les ramener à deux: l'un a une portée générale, et frapppe le contrat de société sous tous les régimes ; il est puisé dans les règles de la puissance maritale. L'autre a une force particu-

_______________

(1) Note de M. Lacointa sous Cas. 7 mars 1888, S. 88, 1, 305.

(2) Nous ne citerons que les arrêts les plus récents : Paris, 24 mars 1870, D. 72, 2, 43 ; S. 71, 2, 71. — Paris, 24 janvier 1885, D. 88, 1, 402. — Cas. civ., 7 mars 1888, D. 88, 1, 349 ; S. 88, 1, 305, et la note de M. Lacointa.

lière quand les époux sont mariés sous le régime de communauté : c'est le principe de l'irrévocabilité des conventions matrimoniales.

Le contrat de société, disent la jurisprudence et ses partisans, aurait pour effet d'investir la femme d'un droit de surveillance et de contrôle sur la gestion du mari, incompatible avec les prérogatives de celui-ci comme chef de l'association conjugale. Il doit donc sous tous les régimes, être frappé d'une nullité d'ordre public. Cette nullité, ajoute-t-on, rend impossibles les troubles dangereux pour la paix du ménage, qu'entraînerait le contrat de société.

Sans doute, répondrons-nous, la puissance maritale, en tant qu'elle s'exerce sur la personne de la femme, a quelque chose d'absolu et d'inflexible qui échappe aux conventions particulières ; la femme ne peut jamais se dégager de son devoir de cohabitation et d'obéissance ; le mari ne peut se soustraire à l'obligation de recevoir sa femme et à son devoir de protection. Mais en tant qu'elle s'exerce sur les biens de la femme, la puissance maritale n'a plus ce caractère absolu et inflexible, qui domine les conventions particulières. Au lieu de l'uniformité, c'est la variété qui règne au gré des conventions. Quelle différence, au point de vue de la capacité et de la subordination au mari, entre la femme commune en biens, et la femme dotale ou séparée de biens.

A quoi déroge la formation d'une société entre époux ? Est-ce aux droits du mari sur la personne de sa femme ? Celle-ci est-elle soustraite, en quelque chose, à ses devoirs d'obéissance, de cohabitation, de fidélité, d'assistance ? Non, c'est seulement dans l'ordre pécuniaire qu'un contrat de société élargit la capacité de la femme, et la fait échapper dans une certaine mesure à son état de subordination vis à vis du mari.

Mais la capacité de la femme, et son degré de subordination plus ou moins complète, sont-ils susceptibles de modifications au cours du mariage ? Oui, dans deux cas strictement limitatifs : quand la séparation de biens est prononcée, et quand la femme se trouve régulièrement investie, par le mari, d'un mandat exprès ou tacite.

Or en cas de société entre époux trois hypothèses peuvent se présenter ; la gestion peut être formellement conférée au mari seul, à l'exclusion de la femme : ou bien elle est expressément confiée au mari et à la femme ; ou bien enfin, ce qui est bien rare dans la pratique, le pacte social ne règle pas l'administration de la société. Dans la première hypothèse, la femme reste soumise à un état de subordination vis à vis du mari, et

l'argument de nos adversaires perd toute sa
portée. La seconde hypothèse entraîne pour la
femme le mandat formel d'administrer; or, nous
avons vu, en étudiant le mandat entre époux, que
la femme, investie d'un mandat régulier, jouis-
sait d'une capacité élargie, jusqu'à pouvoir obliger
seule la communauté et le mari. Enfin, si le pacte
social est muet, et si la femme administre en fait,
ce ne sera qu'en vertu d'un mandat tacite, de la
même manière qu'une femme commune en biens,
gère en vertu d'un mandat implicite, les menues
affaires de la communauté.

L'argument, que nous venons de développer, a
une portée générale, et s'applique aux sociétés
entre époux tant commerciales que civiles. Sur le
terrain spécial des sociétés commerciales, notre
thèse est plus solide encore, grâce à l'extension
de capacité, que reçoit la femme mariée, régulièrement investie par l'autorisation maritale, de la
qualité de commerçante.

Il semble, qu'en matière commerciale, la capacité de la femme et son degré de subordination,
sont en quelque sorte laissés, même au cours du
mariage, à la discrétion du mari ; celui-ci peut,
par sa seule autorisation, investir la femme de la
qualité de commerçante, et lui conférer par le fait
même une capacité que ne comporte pas le droit
civil. Non seulement la femme mariée, dûment

autorisée à faire le commerce, jouit, pour tous les actes relatifs à son commerce, de la même capacité qu'une femme non mariée, mais elle oblige seule la communauté et le mari (1).

Pourtant la jurisprudence est absolue, et c'est surtout en matière de sociétés commerciales, que de nombreuses décisions ont été rendues dans le sens de la nullité (2).

On croit trouver dans l'art. 220 § 2 Cod. Civ. reproduit par l'art. 5§2 Cod. Com. un argument spécial contre la validité des sociétés commerciales entre époux (3). « La femme, dit cet article, n'est pas réputée marchande publique, si elle ne fait que détailler les marchandises du commerce de son mari ; elle n'est réputée telle, que lorsqu'elle fait un commerce à part. »

La rédaction de cet article montre bien, que le législateur n'y vise pas les sociétés commerciales entre époux. Ce qu'il a en vue, c'est une femme qui sert d'auxiliaire à son mari, par exemple en détaillant les marchandises, en tenant les livres. Il importe qu'en pareil cas, le public ne soit pas trompé sur le rôle de la femme, et sache bien que celle-ci, agissant comme un simple préposé du

---

(1) Art. 220 Cod. civ. et 3 Cod. com.
(2) Tous les arrêts précités annulent des sociétés commerciales.
(3) Sic : Lacointa sous Cas., 7 mars 1888, S. 88, 1, 305.

mari, ne s'oblige pas elle-même. Aussi le législateur déclare-t-il, que la femme n'est réputée commerçante, que si elle fait un commerce à part. Remarquons les termes dont il se sert à dessein ; il ne dit pas : la femme n'est commerçante, mais n'est réputée commerçante, que si elle fait un commerce à part. Ce qu'il veut, c'est que les tiers ne soient pas trompés, sur la véritable qualité de la femme. Or, les conditions rigoureuses de publicité, qui portent à la connaissance des tiers, la formation des sociétés commerciales, ne peuvent leur laisser aucun doute, sur la véritable qualité de la femme, qui s'associe commercialement avec son mari. Les tiers savent, que la formation d'une société en nom collectif par exemple, entraîne pour la femme obligation personnelle sur tout son patrimoine. L'art. 220 § 2 C. civ. reproduit par l'art. 5 § 2 C. Com. vise une femme dont la situation vis à vis de son mari commerçant, peut tromper les tiers. Est-ce que la situation d'une femme, associée commercialement avec son mari, peut laisser des doutes au public? Il faut donc considérer l'art. 220 précité, comme étranger au cas de société commerciale entre époux.

La jurisprudence a parfois invoqué, en faveur de la nullité des sociétés tant commerciales que civiles entre époux, le péril que le contrat de société peut faire courir à la paix du ménage. Il importe d'éviter à tout prix les actions en complément d'apport, en révocation de gérance, en dissolution, qui sont le cortège trop fréquent des contrats de société. On peut répondre, que ces actions ne sont pas seulement possibles en matière de société, elles le sont encore, sous des noms différents, en matière de communauté, dont le législateur a fait pourtant le régime matrimonial de droit commun. La formation d'une société, n'est pas plus dangereuse pour la paix du ménage, que l'adoption du régime de communauté ; le serait-elle, qu'il n'y aurait pas là un motif suffisant, pour admettre une incapacité, que la loi n'a pas prononcée.

Nous venons d'examiner les motifs généraux, proposés par la jurisprudence, pour la nullité des sociétés entre époux sous tous les régimes. Il faut maintenant examiner, si la règle de l'immutabilité des conventions matrimoniales autorise la jurisprudence, à se montrer plus particulièrement inflexible, sous le régime de communauté.

La formation d'une société entre époux communs, est-elle incompatible avec leur régime matrimonial ? Modifie-t-elle nécessairement, comme on le prétend, la composition, l'administration, le partage de la communauté ?

Nous devons pour répondre à cet objection, examiner tour à tour l'hypothèse d'une société commerciale et celle d'une société civile entre époux.

En formant entre eux une société commerciale, les époux ne changent pas plus la composition de la communauté, que si chacun d'eux formait de son côté une société avec un tiers. Il y aurait une modification dans la composition de la communauté, si des biens jusque là propres à chacun des époux, devenaient communs, ou réciproquement. Ce résultat n'a pas lieu, quand les époux forment entre eux une société commerciale. Les biens mis en société, ne sont plus ni communs ni propres, mais tombent dans un patrimoine distinct, celui de la société, pour devenir la garantie spéciale et privilégiée des créanciers sociaux.

L'administration de la communauté n'est pas modifiée davantage. Les biens sociaux, n'étant plus ni communs ni propres, mais formant, grâce à la personnalité des sociétés commerciales, un patrimoine distinct de celui des associés, peuvent être administrés autrement que les biens de la communauté ou les propres.

Enfin, pour que le partage de la communauté pût être modifié par la formation d'une société commerciale entre époux, il faudrait que les biens sociaux et les dettes sociales entrassent dans la composition active et passive de la communauté. Mais l'actif aussi bien que le passif social, restant en dehors de l'actif et du passif communs, peu importe, qu'une clause du pacte social règle le partage de l'actif social autrement que le partage de l'actif commun ; peu importe, que la femme soit tenue *in infinitum* des dettes sociales, même si elle renonce à la communauté. Pour les dettes communes, la femme garde tout le bénéfice de la renonciation ; si elle le perd pour les dettes sociales, c'est parce que ces dettes sont la charge d'un patrimoine distinct, celui de la communauté.

En résumé, la formation d'une société commerciale n'a rien d'incompatible, même sous le régime de communauté, avec le principe de l'immutabilité des conventions matrimoniales (1) : grâce à la personnalité des sociétés commerciales, rien n'est changé dans la composition, l'administration, le partage de la communauté ; un patrimoine distinct s'est formé, qui peut être composé, administré, partagé autrement que la communauté.

Mais invoquer, comme nous venons de le faire, la personnalité des sociétés commerciales, n'est-ce

---

(1) Sic : Delsol : Rev. prat., I, p. 433. — Lyon-Caen et Renault : Trait. de Dr. com., II, p. 57 et 58. — Planiol : Rev. crit., 1888, p. 275. — Baudry-Lacantinerie : Préc. de Dr. civ., III, p. 302. — Contra : Guillouard, Contr. de M., I. p. 216, n·· 229. — Lacointa sous Cas., 7 mars 1888, S. 88, 1, 305, et la jurisprudence précitée. Cpr. Paul Pont, Sociét., I, n·· 35 à 38.

pas prouver la légitimité des sociétés commerciales entre époux, à l'exclusion des sociétés civiles ? Nous pourrions, pour éviter ce résultat injustifiable, soutenir que la fiction de la personnalité n'est pas le trait essentiel et caractéristique des sociétés commerciales, que les principales conséquences, communément attachées à la personnalité, doivent être admises, même pour les sociétés civiles. En plaçant certains biens dans l'indivision, les associés auraient entendu former une masse distincte de leurs biens personnels, créer un être moral doué d'une certaine personnalité juridique. Ce qu'on indique généralement comme une pure fiction, serait l'œuvre de la convention des parties (1).

Mais quand même on repousserait cette théorie séduisante, pour s'en tenir à la distinction traditionnelle des sociétés civiles et des sociétés commerciales ; quand même, on investirait les premières, à l'exclusion des secondes, de la personnalité avec toutes les conséquences qu'on y

_______

(1) Dans une remarquable dissertation insérée dans la Revue Critique (1890, p. 677 et suiv.), M. Mongin prouve que les contrastes, communément signalés entre les sociétés civiles et les sociétés commerciales, ont été trop accusés. Il les passe tour à tour en revue : 1° droit de préférence attribué aux créanciers sociaux sur les biens sociaux ; 2° compensation restreinte entre les créances et les dettes sociales d'une part et entre les créances et les dettes personnelles des associés d'autre part ; 3° caractère mobilier des parts d'associés ; 4° droit d'ester en justice Il prouve que sur tous ces points, il y a lieu d'attribuer aux sociétés civiles les mêmes prérogatives qu'aux sociétés commerciales.

rattache, ce ne serait pas un motif suffisant, pour interdire les sociétés civiles entre époux. Du moment où chaque époux peut légitimement entrer de son côté en société civile avec un tiers, pourquoi lui interdire de s'associer avec son conjoint? Au point de vue de la communauté, le résultat est identique dans les deux cas ; les biens sociaux échappent de la même manière au régime matrimonial, pour recevoir une destination nouvelle, être administrés et partagés suivant les clauses du pacte social.

Quand les époux sont mariés sous un régime autre que la communauté, comme la formation d'une société pourrait être, dans l'intention des parties, un moyen détourné d'établir entre eux une communauté, ou de la rétablir après la séparation de biens judiciaire, sans se conformer à l'art. 1451, il y aurait pour le juge une question de fait à trancher : s'il y a ou non dérogation au contrat de mariage. C'est là une application pure et simple de la règle générale, qui subordonne la validité des contrats entre époux à une condition de fait : le respect du pacte matrimonial.

Il n'y a donc pas lieu de poser, pour le contrat de société, une exception à la validité des contrats entre époux ; ce contrat n'est en lui-même incompatible avec aucun régime matrimonial.

CHAPITRE IV

LES CONTRATS ENTRE ÉPOUX EN DROIT INTERNA-
TIONAL PRIVÉ.

Comment régler le conflit des lois, en cas de
divergence sur la capacité de contracter entre
époux? Voici une vente passée par deux époux
Italiens ; soit que cette vente ait lieu en France;
soit qu'ayant lieu en Italie, elle ait pour objet un
immeuble situé en France ; il y aura conflit, tantôt entre la loi nationale des époux et la loi du
lieu où l'immeuble vendu se trouve situé, tantôt
entre la loi nationale des époux et la loi du lieu
où le contrat a été passé. S'il faut appliquer la loi
nationale des parties, c'est-à-dire la loi italienne
dans l'hypothèse prévue, la vente sera valable (1).
S'il faut au contraire faire triompher la *lex loci
contractus* ou la *lex rei sitæ*, c'est-à-dire la loi
française, la vente devra être annulée.

Le conflit doit être tranché résolument en faveur

_______

(1) Pourvu que les époux aient satisfait à la prescription du Code
civil Italien, qui exige l'homologation du tribunal, chaque fois qu'il y
a opposition d'intérêts entre époux (art. 136).

de la loi nationale des époux, comme tous les
conflits relatifs à la capacité des personnes. De là
deux conséquences: si les époux qui contractent
sont Français, l'opération sera toujours régie par
la loi française, quel que soit le lieu ou l'objet du
contrat; si les parties contractantes sont étrangères, c'est la loi de leur pays qu'on appliquera,
même si le contrat est passé en France ou a pour
objet un immeuble situé en France.

La jurisprudence ne s'est pas toujours montrée
très ferme, en faveur de la solution, que nous
venons de proposer (1).Ses hésitations sont comme
le dernier vestige d'une controverse, qui divisait
nos anciens jurisconsultes. A l'époque, où l'incapacité de contracter entre époux, avait pour principale raison d'être, la conservation des biens dans
les familles, la plupart des auteurs rattachaient
cette incapacité au statut réel, et faisaient triompher la *lex rei sitæ* sur la loi personnelle des
époux (2). Plus tard, quand s'affaiblit la préoccupation de maintenir les biens dans la famille ;

-----

(1) Tel arrêt de la Cour de Cassation fait dépendre du statut réel la
validité d'une donation entre époux (Cas., 4 mars 1857, S. 57, 1, 247) ;
tandis que tel autre rattache au statut personnel la validité d'une
vente (Cas., 19 avril 1852, S. 52, 1, 801).

(2) D'Argentré : sous l'art. 218 de la coutume de Bretagne. — Froland :
Mémoires sur les stat., t. II, chap. 18. — Boullenois : Traité de la
Réal. et de la Person., t. II, p. 107.

quand, du même coup, l'incapacité de contracter entre époux, perdit son caractère rigoureux et absolu, plusieurs jurisconsultes, comme le Président Bouhier (1), favorables à l'extension du statut personnel, proposèrent de l'appliquer aux contrats entre époux.

Puisque les rédacteurs du Code Civil, n'ont réglé la capacité entre époux, que dans un but de protection, et se sont dégagés en cette matière, de toute préoccupation d'intérêt général ou d'ordre public, c'est la doctrine du Président Bouhier qu'il faut appliquer sans hésitation, et c'est par conséquent la loi nationale des époux qui déterminera la validité de leurs contrats (2).

Si les époux étaient de nationalités différentes, comme il s'agit d'une capacité nécessaire *ex utraque parte*, leurs contrats ne seront valables qu'en cas d'accord de leurs lois respectives.

Nous avons vu que, dans notre législation française, les contrats entre époux sont subordonnés d'une manière générale, au principe de l'immutabilité des conventions matrimoniales. Comme ce

---

(1) Observations sur la cout. de Bourgogne, chap. 18 ; dans le même sens : Ricard, Donat., n° 325.

(2) Sic : Weiss, Trait. Elém. de Droit Int. Pr., p. 675. — Surville et Arthuys : Cours de Dr. Int. Pr., p. 383, et les autres auteurs cités p. 383, note 4. — La doctrine réaliste triomphe dans le système anglo-américain.

principe n'est pas admis par toutes les législations, il y a lieu de se demander, pour trancher les conflits possibles, s'il s'agit encore ici d'une condition de capacité, régie par la loi nationale des époux.

Si le principe de l'immutabilité, n'avait pour seule raison d'être, que l'intérêt des époux eux-mêmes, la nécessité d'écarter entre eux toute cause de mésintelligence et tout abus d'influence, il s'agirait, à n'en pas douter, d'une pure condition de capacité. Mais l'irrévocabilité du pacte matrimonial, s'explique aussi par l'intérêt des tiers, qui pourront traiter ultérieurement avec les époux, et qu'un changement total ou partiel de régime, tromperait dans leurs prévisions. Aussi quelques auteurs ont-ils vu dans le principe de l'immutabilité, une condition d'ordre général, nécessaire à la sécurité du crédit public, et qui s'imposerait en France aux étrangers comme aux Français.

Nous répondrons, que le principe de l'immutabilité, sauvegarde bien plus des intérêts particuliers que des intérêts généraux. Si des Français, qui traitent avec des époux étrangers, sont trompés dans leurs prévisions, par suite d'une modification survenue à leur insu au pacte matrimonial, ce n'est là qu'un préjudice d'intérêt privé : les Français, qui en sont victimes, auraient pu y échapper, en ne traitant qu'à bon escient. Nul n'étant censé ignorer la nationalité de ses contractants, ne peut, à moins de fraude, les soustraire au bénéfice de leur loi nationale.

C'est donc la loi nationale des époux, qui déterminera, s'ils sont assujettis à l'irrévocabilité de leurs conventions matrimoniales (1).

Dans l'hypothèse où les époux se rattachent à des nationalités différentes, nous avons exigé, en matière de vente, l'accord de leurs lois nationales, pour la validité de l'opération. Il en est de même en cas de modification du contrat de mariage : cet acte exige, comme la vente, une capacité *ex utraque parte*.

----

(1) Sic : Beauchet : Journ. du Dr. Int. Pr., 1884, p. 39. — Weiss, op. cit., pg. 507. — Contra : Reichsgericht de Leipzig, 9 octobre 1884, S. 86, 4, 9 (voir une note de M. Beauchet).

## CHAPITRE V



LES CONTRATS ENTRE ÉPOUX EN LÉGISLATION.


Il nous reste à apprécier, au point de vue législatif, le système français des contrats entre époux.
La prohibition qui frappe la vente entre époux, et
du même coup la dation en paiement et l'échange,
devrait-elle être maintenue au cas de révision ?
Faudrait-il conserver le principe de l'immutabilité
des conventions matrimoniales, ou au contraire,
écarter cette seconde entrave à la pleine liberté
des contrats entre époux ?

D'abord, en ce qui concerne la vente et les contrats assimilés à la vente, la prohibition de l'art.
1595 ne nous semble ni nécessaire, ni conforme à
l'utilité pratique (1). Le but de la loi a été, nous

---

(1) Il est à remarquer que les législations étrangères les plus
récentes, tendent à la pleine liberté des contrats entre époux. Aucune
restriction n'y est apportée par le Code Civil Russe de 1887, ni par le
projet de Code Civil pour l'Empire d'Allemagne. (Cfr. Motive zu dem
Entwurfe eines bürg. Gesetsbuche, t. IV, p. 113 et suiv.) Le même
système avait déjà été consacré par le Code Civil Autrichien. La donation elle-même, dans les trois monuments législatifs qui viennent d'être
signalés, se trouve régie entre époux, comme entre personnes étrangères. Nous verrons plus loin, quel est le système du Code Civil Italien,

l'avons vu, de prévenir des libéralités, qui se dissi-
muleraient sous l'apparence d'une vente, pour se
soustraire au droit de révocation du donateur, à
l'action en réduction de ses héritiers réservataires,
au gage général de ses créanciers. Mais, cette
protection, dont la loi veut entourer l'époux donateur, ses héritiers et ses créanciers, exige-t-elle
impérieusement un régime de nullité ? L'époux
donateur et ses ayant-cause, sont-ils désarmés par
le système de la validité ? Supposons que la pré-
vision du législateur se soit réalisée, et qu'une
libéralité se soit déguisée, sous forme de vente :
l'époux donateur ne sera pas privé, même en supposant la vente valable, du droit de révoquer la libéralité ; mais il devra prouver l'intention libérale,
qui a présidé à l'opération. Quant aux héritiers
réservataires, ils auront toujours la ressource de
l'art. 1099, qui protège efficacement leur réserve ;
mais à charge pour eux, de démasquer la libéralité, déguisée sous couleur de vente. Enfin les créanciers n'ont même pas à prouver, l'intention libérale, puisque toute aliénation, fût-elle à titre onéreux, tombe sous le coup de l'action Paulienne, si
elle a lieu en fraude des créanciers. Il est vrai,
qu'une aliénation à titre onéreux, oblige les créanciers à prouver la complicité de l'acquéreur.
S'ils ne peuvent pas réussir dans cette preuve, ils

ont toujours, comme l'époux donateur et ses héritiers réservataires, la ressource de prouver l'intention libérale ; ils triompheront ainsi dans l'action Paulienne, même si l'époux acquéreur a ignoré la fraude de l'époux aliénateur.

En résumé, le système de la validité diffère seulement du système de la nullité, en ce qu'il oblige les intéressés à prouver le but libéral de l'opération. Il n'a pas pour effet de les désarmer, mais seulement, de leur imposer le fardeau de la preuve. Or, n'est-il pas plus conforme aux principes généranx du droit, que la preuve incombe, à ceux qui veulent empêcher une opération juridique, de produire ses effets normaux ?

Si la nullité de la vente entre époux, ne répond pas à une nécessité absolue, elle ne semble pas davantage conforme à l'utilité pratique. Dans bien des cas, la vente entre époux est inspirée par des motifs respectables. Le mari a besoin de capitaux pour ses affaires ; le forcera-t-on, pour se procurer de l'argent, à vendre ses immeubles à des tiers, alors que la femme a des capitaux disponibles. Tel immeuble offre pour les époux, un intérêt d'affection, et la vente faite par le mari à la femme, aura pour conséquence, tout en procurant de l'argent au mari, d'assurer la conservation de l'immeuble dans la famille. Voilà une opération, dont le but est respectable, et que le système de la loi française rend impossible.

On pourrait opposer à la validité de la vente, le grief de compromettre les intérêts de la femme, abandonnée sans protection à l'influence du mari, exposée peut-être à consentir sans réflexion des ventes désastreuses.

Il suffirait, pour échapper à ce danger, de subordonner les ventes entre époux, comme dans le système du Code Civil Italien (1), à l'autorisation de justice. Cette innovation se rattacherait à une réforme d'un ordre plus général qu'on a souvent signalée (2). La femme mariée, si efficacement protégée contre elle-même dans le système du Code Civil Français, ne l'est peut-être pas assez contre son mari. Il y aurait lieu, d'exiger l'autorisation de justice, dans les cas si fréquents où la femme contracte avec un tiers dans le seul intérêt du mari. Il devrait en être de même, quand la femme contracte avec son mari, principalement dans l'hypothèse d'une vente, si cette opération devenait permise.

------

(1) Le Code civil Italien qui prohibe les donations entre époux (art. 1054), ne défend pas la vente. Mais cet acte doit être rangé parmi ceux qui mettent les époux en conflit d'intérêts, et que l'art. 136 assujettit à l'autorisation de justice.

(2) Notamment, dans l'admirable ouvrage de Paul Gide : la Condition privée de la Femme dans le Droit ancien et moderne.

Faudrait-il aller plus loin dans le sens de la validité des contrats entre époux, et autoriser les conventions modificatives du contrat de mariage ?

Nous croyons qu'il y a lieu de faire triompher jusque là la liberté des contrats, mais en prenant contre les abus possibles de cette liberté, d'efficaces précautions. Le principe de l'immutabilité des conventions matrimoniales peut contrarier dans la pratique des intérêts sérieux. Il arrive, que des époux, peu fortunés au moment de leur mariage, aient négligé de faire leur contrat de mariage, et que plus tard, s'étant enrichis par suite de leur industrie, ou prévoyant des successions ou des donations, auxquelles ils ne s'attendaient pas en se mariant, ils désirent affecter d'une clause restrictive, la communauté qui constitue leur régime matrimonial, ou la remplacer par un autre régime. Le principe de l'art. 1395 les en empêche: ce n'est pas là, semble-t-il, un principe bien conforme à l'intérêt pratique.

Mais la pleine liberté pour les époux, de modifier à leur guise et sans formalités, leurs conventions matrimoniales, serait-elle préférable ? Nous avons vu, que le principe de l'immutabilité, correspondait à un double but de protection : l'intérêt des époux eux-mêmes et celui des tiers. Mais ici, comme tout à l'heure en matière de vente, le système de la nullité n'est pas le seul, qui puisse protéger efficacement, les intérêts que la loi veut ménager. On peut les garantir d'une autre manière : sauvegarder les époux contre des abus d'influence et des concessions inconsidérées, par la nécessité de l'autorisation de justice ; prémunir les tiers, contre des changements de capacité survenus à leur insu, par des formalités de publicité.

En résumé, les époux devraient être libres de modifier leurs conventions matrimoniales, mais à condition d'obtenir l'homologation du tribunal, et à charge d'accomplir des formalités de publicité, pour assurer l'efficacité à l'égard des tiers. des modifications réalisées.

# POSITIONS

---



## THÈSE ROMAINE

I. — Le mari peut renoncer au profit de la femme à une usucapion commencée.

II. — Les donations, dont l'objet n'embrasse que des revenus, sont permises entre époux.

III. · · Le débiteur du mari peut, sur l'ordre de celui-ci, se libérer valablement entre les mains de la femme.

IV. — La réforme du sénatus-consulte, rendu sous Septime Sévère, fut étendue, dès l'époque d'Ulpien, à toutes les donations possibles entre époux.

V. — La défense faite au mari, de restituer la dot au cours du mariage, a pour but d'assurer la conservation de la dot.

VI. — Le mari ne se libère pas de ses obligations dotales, par une restitution anticipée.

## THÈSE FRANÇAISE

I. — La vente entre époux ne peut pas valoir, même comme donation déguisée.

II. — L'échange entre époux doit être annulé comme la vente.

III. — Le mari, tenu vis-à-vis de sa femme, d'une dette non encore exigible, mais susceptible d'un paiement actuel, peut se libérer par voie de dation en paiement.

IV. — La double déclaration du mari, prescrite par la loi, au cas d'acquisition pour servir de remploi à la femme, doit être contemporaine de l'acquisition.

V. — La formation d'une société entre époux ne viole pas les droits du mari comme chef de l'association conjugale, et n'est pas nécessairement contraire à l'immutabilité des conventions matrimoniales.

VI. — Les conflits de lois relatifs à la validité des contrats entre époux, et à l'immutabilité des conventions matrimoniales, doivent être résolus en faveur de la loi nationale des parties.

## POSITIONS PRISES HORS DES THÈSES

### DROIT CIVIL.

I. — L'héritier saisi, qui néglige de prendre parti sur la succession, perd au bout de trente ans la faculté de renoncer.

II. — En cas de paiement avec subrogation au profit du *solvens*, celui-ci n'est pas seulement investi des garanties accessoires, qui fortifiaient le droit du créancier, mais de la créance même qui a été payée.

III. — La part de la communauté, dans les successions composées à la fois de meubles et d'immeubles, échues aux époux pendant le mariage, n'est pas déterminée par le résultat du partage, mais par la proportion des meubles et des immeubles dans la masse héréditaire.

IV. — La femme commune en biens, peut, tout en acceptant la communauté, revendiquer pour moitié, ses immeubles propres aliénés par le mari sans son consentement.

V. — La femme séparée de biens, peut, sans autorisation maritale, aliéner sa fortune mobilière, alors même que l'aliénation ne constitue pas en soi un acte d'administration.

VI. — La séparation des patrimoines ne constitue pas un véritable et complet privilège, en ce sens, qu'elle confère un simple droit de préférence aux créanciers de la succession, sans leur donner un droit de suite sur les immeubles héréditaires aliénés par l'héritier.

## DROIT COMMERCIAL.

I. — La répétition de dividendes fictifs ne peut être exercée, même dans les commandites simples, qu'en cas de mauvaise foi des commanditaires.

II. — Le vendeur d'immeuble, qui a négligé de rendre public son privilège, avant la déclaration de faillite de l'acheteur, perd en même temps que son privilège, le bénéfice de son action résolutoire, du moment où l'hypothèque, née au profit de la masse créancière, a été inscrite.

## DROIT INTERNATIONAL PRIVÉ.

I. — L'étranger, qui a fixé son principal établissement en France, sans autorisation du gouvernement, bénéficie des effets ordinaires du domicile.

II. — Les conflits, relatifs au délai de la prescription libératoire, doivent être tranchés par la loi du lieu où l'obligation s'est formée.

III. — La prohibition de reproduire en France, sans autorisation de l'auteur, les ouvrages publiés à l'étranger, doit être étendue aux représentations dramatiques ou musicales et aux traductions.

## PROCÉDURE CIVILE.

I. — Le ministère public n'a pas qualité pour former opposition au mariage.

II. — En cas de procès déterminé par un acte commercial à l'égard du défendeur, et civil à l'égard du demandeur, celui-ci n'est pas libre de poursuivre son adversaire devant le tribunal civil ; il doit l'assigner devant la juridiction commerciale.

III. — Les règles spéciales de compétence judiciaire, édictées par le traité franco-suisse de 1869, ne doivent pas être étendues, aux nations liées avec la France par la clause de la nation la plus favorisée.

Vu :

*Le Doyen,*        *Vu par le Président de la thèse,*
COLMET DE SANTERRE        C. BUFNOIR

Vu et permis d'imprimer :
*Le Vice-Recteur de l'Académie de Paris,*
GRÉARD

# TABLE DES MATIÈRES

## DROIT ROMAIN

DES

## ACTES PROHIBÉS ENTRE ÉPOUX

DONATIONS

RESTITUTION ANTICIPÉE DE LA DOT

## DROIT FRANÇAIS

———

### DES

# CONTRATS A TITRE ONÉREUX ENTRE ÉPOUX

———

## POSITIONS



Nancy, imprimerie A. Nicolle, 25, rue de la Pépinière.

NANCY, IMPRIMERIE A. NICOLLE